Canalizar

(Tuning in)

David Thomas y Matthiew Klinck

Canalizar

(Tuning in)

*Un periodista,
seis canalizadores espirituales y
mensajes del otro lado*

EDICIONES OBELISCO

Si este libro le ha interesado y desea que le mantengamos informado
de nuestras publicaciones, escríbanos indicándonos qué temas son de su interés
(Astrología, Autoayuda, Ciencias Ocultas, Artes Marciales, Naturismo, Espiritualidad,
Tradición…) y gustosamente le complaceremos.

Puede consultar nuestro catálogo en www.edicionesobelisco.com.

Colección Mensajeros del Universo
CANALIZAR (TUNING IN)
David Thomas y Matthiew Klinck

1.ª edición: octubre de 2013

Título original: *Tuning in*
Traducción: *Varda Fiszbein Brandenburg*
Maquetación: *Marga Benavides*
Corrección: *Sara Moreno*

© 2011, David Thomas y Matthiew Klinck
(Reservados todos los derechos)
© 2013, Ediciones Obelisco, S. L.
(Reservados los derechos para la presente edición)

Edita: Ediciones Obelisco, S. L.
Pere IV, 78 (Edif. Pedro IV) 3.ª planta, 5.ª puerta
08005 Barcelona - España
Tel. 93 309 85 25 - Fax 93 309 85 23
E–mail: info@edicionesobelisco.com

Paracas, 59 - Buenos Aires
C1275AFA República Argentina
Tel. (541 - 14) 305 06 33
Fax: (541 - 14) 304 78 20

ISBN: 978-84-15968-01-6
Depósito Legal: B-21.589-2013

Printed in Spain

Impreso en España en los talleres gráficos de Romanyà/Valls S. A.
Verdaguer, 1 - 08786 Capellades (Barcelona)

*A mis colegas de investigación,
ésos lo bastante audaces como para buscar respuestas
a los Grandes Interrogantes*

Agradecimientos

En primer lugar, me gustaría dar las gracias a los canalizadores –Lee Carroll, Wendy Kennedy, Darril Anka, Geoffrey Hoppe, Shawn Randall y John Cali– por ser tan generosos con su tiempo y tan abiertos de corazón. Gracias a ellos este proyecto ha sido un verdadero placer.

Y por supuesto a las entidades que brillando a través de ellos –Kryon, el Colectivo Pleayadiano, Bashar, Tobias, Torah y el jefe Joseph– fueron, sencillamente, encantadoras y nos iluminaron espiritualmente

A mi compañero en la película, Matthiew Klinck, siempre comprometido y de buen humor. Merece que lo elogie por involucrarse en este proyecto, ya que no nos conocíamos el uno al otro antes, y él no estaba familiarizado con el tema de la canalización.

Eileen Cope, mi agente literaria en Trident Media Group, vio la película y tuvo la clarividencia de creer que podría ser un buen libro. De modo que gracias, Eileen. También estoy agradecido a su asistente, Alexandra Bicks, que ha sido de gran ayuda.

La gente de Hampton Roads y Red Wheel/Weiser, editores de este libro, son realmente fantásticos. Quisiera mencionar especialmente a Jan Johnson, Greg Brandenburgh y Gary Hill.

Vaya mi homenaje a mis hermanos, Jeff y Ned, que contribuyeron a financiar la película.

También quiero mencionar a mi madre y a mi padre, actualmente en espíritu. Aquí en la Tierra hicieron todo lo mejor que pudieron con lo que tenían y ahora, confío, están disfrutando plenamente.

Pese a que no lo conozco personalmente, le estoy agradecido a Bruce Springsteen. Me vi sorprendido en medio de un fuego cruzado que no conseguía entender y tu ayuda sirvió para abrirme paso.

Finalmente, quisiera dar las gracias a todos los seres humanos con los que me he «rozado» –de manera aparentemente casual– en el trascurso de mi vida. A todas las chicas a las que besé, a todos los tíos con los que tuve broncas, a los compañeros de viaje de sonrisa cálida e incluso a los malhumorados que maldecían. Ahora sé que fue un puzle de piezas perfectamente recortadas y confío en que, en adelante, se sumarán otras que se situarán en su lugar.

Uno

Darryl Anka canalizando a Bashar

Si alguien me hubiera dicho hace diez años que iba a hacer un documental sobre canalizadores espirituales, yo hubiera insinuado que ese alguien estaba más loco que una cabra.

Yo era un periodista avezado, revestido de una capa gris de escepticismo, y lo único que sabía sobre canales era que podía captar un buen número de ellos en mi aparato de televisión. Y cuando me tomaba la molestia de prestarle atención al tema, era para burlarme de semejante sinsentido.

Pero mi tortuosa senda me llevó a hacer una película sobre ello, titulada *Tuning In: Spirit Channelers in America*. Y eso me condujo a creer que la canalización –inteligencias superiores comunicándose a través de seres humanos– es real y está sucediendo cada vez más a menudo en todo el planeta.

Puede que penséis que me emborraché bebiendo horchata o que soy otro crédulo peregrino que perdió el norte, desesperadamente ávido por cualquier bobada que se le ponga por delante. Pero estaríais equivocados. Cuando adquirí información sobre la canalización espiritual, *hallé* mi camino. Porque por fin, los Grandes Interrogantes que habían estado quemándome interiormente durante la mayor parte de mi vida –«¿Por qué estoy aquí? ¿Quién soy yo?»– fueron respondidos de forma satisfactoria y grata.

Realmente llegué a comprender que lo sobrenatural es precisamente lo natural que aún no hemos logrado entender. No soy hombre de ciencia y no puedo explicar el proceso de mecánica cuántica que se desarrolla para que un espíritu pueda comunicarse a través de un receptor biológico llamado ser humano. Básicamente, la canalización involucra a una entidad no física, cuya energía «desciende», y a una persona que cae en estado de trance y cuya energía «se eleva», creándose una unión en medio de la cual la comunicación es posible.

Cuando nuestra evolución se acelera y crece, cuando en cierto sentido nos elevamos, el velo desplegado entre nuestra existencia física y el mundo espiritual se debilita, se afina. Antes de encarnarnos le pedimos a nuestros compañeros no físicos que nos recuerden lo que realmente somos y nos mantengan en el buen camino al transitar por ese complejo terreno de la dualidad. Ésa es la razón por la que cada vez surgen más y más canalizadores espirituales en todo el planeta: porque les hemos pedido ayuda para navegar en la era en la que nos introducimos, que algunos han denominado «el Gran Cambio». Hay una silenciosa revolución de consciencia en marcha y parte de ella es disponer de mayor información sobre la canalización espiritual. Si nos involucramos, rápidamente aparecen los espíritus para guiarnos, ofrecernos su consejo y un amor incondicional desde la más amplia perspectiva. Con la otrora solidez económica hoy anémica y tantas personas sintiéndose oprimidas, pisoteadas, confusas y atemorizadas, su información no puede ser más oportuna.

Kryon, un desencarnado maestro espiritual muy evolucionado, y canalizado a través de Lee Carroll, está al tanto de la gran cantidad de escépticos que hay. «Muchos humanos –me dijo– dirán que "no es posible que suceda. La canalización espiritual es imposible". Pero debes saber esto: todos los textos espirituales por los que tanto aprecio conservas han sido canalizados. Es una antigua y sagrada forma de comunicación que nosotros ahora volvemos a ofrecer. Si te acercas a este material con la mente y el corazón abiertos, puede que obtengas algo de él, querido ser humano».

No es una exageración decir que el material de canalización salvó mi propia vida. Puede que suene hiperbólico, pero hace diez años yo estaba completamente en plan Hamlet, era profundamente desdichado y estaba metido hasta el cuello en una lenta crucifixión del espíritu. Aturdido entre el dúo de la Duda y la Desesperación, bebiendo demasiado y disfrutando demasiado poco. Estaba en el proceso de obtener un amargo divorcio de la vida y, para ser completamente honesto, no echaba nada de menos de este sucio planeta. No tenía dinero, ni novia, había sido desahuciado de mi apartamento en Los Ángeles y mi esperanzadora carrera de guionista había fracasado desde el punto de partida.

Mi cabeza todavía no estaba atascada en el horno, pero me sentía terriblemente desconsolado. Realmente no le veía interés a continuar, si mi existencia iba a consistir fundamentalmente en un corazón roto y una abyecta miseria. Un médico incluso me recetó antidepresivos. No funcionaron.

Una sábado por la tarde estaba bebiendo cerveza en la escalera posterior de mi edificio, pensando en que en pocos días sería un sintecho, cuando un pájaro se posó sobre un cable en mi línea de visión, unos veinte pies (unos seis metros) más lejos.

No era uno de esos desvaídos pichones urbanos, era una paloma de plumas brillantes. Nuestros ojos se encontraron y fijamos la vista el uno en la otra durante un minuto entero. Sentí algo grato en mi interior, una ola de bienestar. En ese momento supe que no estaba solo en el universo, que estaría bien, sin importar qué pasara. Entonces, el pájaro desplegó sus alas y voló hacia el contaminado cielo de Los Ángeles.

Mi encuentro con la paloma no había sido exactamente igual que con una zarza ardiente, ¿pero era una señal? Llegué a creer que de hecho lo era. Al día siguiente tropecé con los libros *Conversations with God*[1] y devoré dos de ellos en la propia librería.

---

1. *Conversaciones con Dios.* Título de un conjunto de varios libros y de una película del autor Neale Donald Walsch. *(N. de la T.)*

Era material de canalización a través de Neale Donald Walsch y me dejó extasiado. Respuestas, aquellas páginas contenían respuestas reales y convincentes y saciaban mi sed, tal como el agua fresca a un hombre que acaba de atravesar el valle de la Muerte. Me di cuenta de que no tenía siquiera dinero suficiente para comprar los libros, de modo que me quedé sentado ahí y seguí sentado, leyendo y leyendo. Mi estómago gruñía, cuando levanté la vista y descubrí que habían pasado volando cuatro horas.

Me marché a casa, entré en la red y comencé a buscar más material de canalización. Encontré un montón. Algunos no tuvieron ninguna repercusión en mí, y los dejé de lado. Llegué a algunos canalizadores espirituales que me parecieron sencillamente charlatanes o simuladores y, por supuesto, no volví a visitarlos.

El único criterio que mantuve para continuar con un canalizador individual era que el material tuviera sentido, y si me hacía *sentir* que era cierto… en mi corazón, en mi espalda, en mi médula espinal. A ese tipo de material volvía una y otra vez, hallando que no sólo aportaba respuestas a mis interrogantes acerca de la vida, Dios, la existencia, todo ello, sino que también me ofrecía inspiración y solaz. Era un buen lenitivo, un bálsamo.

Después de todo, soy un periodista bien entrenado, un profesional escéptico. De modo que no les hablé a mis amigos sobre canalización espiritual. Fui educado como católico, de manera que tampoco comenté nada a mi familia. No era que temiese la reacción de cada uno de ellos; simplemente no quería que me vieran como un tipo raro. No necesitaba esa clase de dolor de cabeza, no tenía ganas de dar explicaciones; no había motivo alguno para que nadie lo supiese.

Pero empecé a oír comentarios de la familia y los amigos sobre que yo parecía estar más sereno, más contento. «Sólo es el buen güisqui», bromeaba yo.

Finalmente, después de una década de ahondar en materiales de canalización espiritual, un pensamiento me atravesó como rayo: hacer un documental sobre el tema. Ni siquiera estoy seguro de dónde provino la idea, de modo que volví la cara y traté de olvidar el asunto.

Pero persistía, una mosca zumbando en mi cerebro. Suponía que en caso de hacer la película, debería darle un beso de despedida a mi personalidad de «periodista serio». Pero sentía que tampoco en ese campo me había destacado. Seguí reflexionando y dejé que la idea continuara gestándose, hasta que al final un día me desperté y decidí que había llegado el momento de hacer la película. Así de simple. Sencillamente supe que el momento había llegado.

Si a mí me habían afectado tan positivamente los mensajes canalizados, razoné, muchos otros también podrían beneficiarse de ello. Me aferré a una fe ciega, extraje la pequeña cantidad de dinero que había en mi cuenta bancaria, vendí el coche que tenía y me compré un trasto, también vendí algunas monedas de oro y liquidé cualquier otra cosa que se me pudo ocurrir.

En Los Ángeles me había ganado una buena reputación como corrector de guiones, de modo que tenía algunos amigos y conexiones en la industria del cine, gente que pensé que podría querer hacer esta «excursión» conmigo. Pero sus reacciones fueron coincidentes y unilaterales: «¿Una película sobre canalizaciones espirituales? ¿Te has vuelto loco?».

Puede que estuviera loco, pero la decisión estaba tomada y no me iba a echar atrás. Puse un anuncio clasificado en *Craigslist* buscando un compañero, explicando que lo ideal sería alguien que tuviera cámaras, focos profesionales y equipo de sonido, y que supiera montar una película. Recibí unas veinte respuestas, hice una criba hasta quedaron solamente unas pocas, y me entrevisté con quienes las habían enviado. Igual que en el cuento de *Ricitos de Oro,* los tres primeros no parecían ser los candidatos adecuados.

Pero cuando conocí a la cuarta persona, un joven director canadiense llamado Matthiew Klinck, teniendo ante mí una hamburguesa, una tarde de sábado en Santa Clarita, California, supe que éramos empáticos. Había entre nosotros una afinidad natural y al cabo de pocos minutos estábamos charlando como viejos camaradas. Más tarde él me diría: «Tuve una conexión inmediata contigo, como si nos conociéramos el uno al otro desde mucho tiempo atrás.

»Pero cuando entraste en detalles sobre la idea total de la canalización espiritual, he de admitir que me vinieron a la mente escenas de Whoopi Goldberg en *Ghost*.[2] Pero te expresabas con tanta pasión y explicaste tan bien el tema, que se me disparó la curiosidad».

Cuando llegó el postre, yo le había presentado a Matt un sencillo contrato de condiciones para asociarnos en el proyecto, y para su propia sorpresa, se encontró firmándolo.

«No hubo diligencias previas por mi parte, ni investigación sobre el tema, ni sobre el mercado, ni plan de negocio –recuerda ahora entre risas–. Básicamente creo que fueron tu entusiasmo y tu poderosa intuición los que hicieron que me involucrara en esto. Aseguraste que ya habías elegido y entrevistado a tres canalizadores espirituales y que estabas trabajando sobre otros tres. Yo no te conocía. Ni siquiera sabía si me estabas diciendo la verdad».

A Matt le gustó mi fervor por el proyecto y a mí me gustó su energía, el hecho de que tuviera gran parte del equipo necesario y estuviera abierto al fenómeno de la canalización espiritual, y que fuera nuevo en Los Ángeles y todavía no estuviera hastiado de ella. Nos dimos la mano y sólo una semana más tarde estábamos sentados en la modesta casa de Darryl Anka, situada en una calle arbolada, en el valle de San Fernando.

Anka es un hombre de amplio y robusto pecho, de voz suave y una delicada cara de luna llena, que ronda los cincuenta y ocho años. Desde 1983 ha canalizado a Bashar, un ser extraterrestre del

---

2. Película ganadora de tres premios Oscar conocida en España como *Ghost, más allá del amor*, de género dramático-fantástico. Una de las protagonistas es la que se menciona en el texto. *(N. de la T.)*

futuro de dentro de trescientos años. Bashar ha vuelto a tiempo para ayudar a la Tierra en este período de transición, y Darryl lo considera un aspecto de su propio futuro, como un tatara tatara tatara tatara tataranieto galáctico.

El tardío sol de noviembre ponía un tono melocotón en la sala de estar, cuando un Darryl con gafas explicaba que él verdaderamente comprendía que algunas personas pudieran tener dificultades para creer que estaba canalizando a un «alienígena».

«Siempre he dejado claro que no tienen por qué creer que Bashar es realmente un extraterrestre que se comunica telepáticamente conmigo —dijo—. Si quieren creer que las palabras proceden de otra parte de mi consciencia, por mí está todo bien. En cualquier caso, no tengo posibilidades de ofrecerle a nadie pruebas de la existencia de Bashar. La cuestión más importante es que la información, venga de donde venga, ha marcado una diferencia en la vida de mucha gente, incluyendo la mía propia».

Y la mía. Me encontré con Darryl y Bashar hace más o menos siete años y tuve una inmediata y profunda conexión con el material. En la época en que decidí hacer la película, escuché muchas horas de la canalización de Bashar *on-line* y en CD e incluso acudí a un seminario presencial.

La génesis de la canalización de Anka se inició hace unas cuatro décadas. «En dos ocasiones durante una misma semana, en 1973, tuve una aproximación, una vista general de ovnis, habiendo testigos en ambos casos —dijo—. En cada ocasión vimos una oscura nave metálica, de forma triangular, de unos 30 pies (9 m). Tenían tres luces blanquiazules, una en cada extremo, y una naranja rojiza en el centro. En el primer avistamiento, la nave parecía ser de unos 150 pies (poco menos de 500 m) de longitud; pero en el segundo, se veía que sólo medía unos 60 pies (alrededor de 200 m)».

Anka empezó a leer todo lo que pudo encontrar sobre extraterrestres, sin tener aún idea de que finalmente canalizaría a uno de ellos. «Entonces, en 1983 acudí a un seminario de canalización espiritual con un amigo –continuó diciendo–, no porque el tema me fascinara, sino porque él iba a asistir y sonaba interesante».

Anka se encontró a sí mismo cuando regresó del seminario de canalización espiritual y también escuchó algunas grabaciones. «Me sentí asombrado por la consistencia y la calidad de la información que oí acerca de una gran variedad de temas –dijo–. Finalmente, esa entidad ofrecía enseñarle canalización a cualquiera que deseara aprender. Eso me sorprendió al principio, cuando asumí que la canalización espiritual no es algo que se pueda enseñar. Sin embargo, acudí a la clase de canalización, no con el objetivo de convertirme yo mismo en un canal, sino más bien para aprender más acerca del proceso por el cual esa entidad parecía capaz de acceder a gran cantidad de información sobre infinitos asuntos».

A mitad de camino de las clases, dijo, las cosas comenzaron a ser «verdaderamente» interesantes. «Durante una meditación guiada, recibí en mi mente algo que sonaba como un mensaje telepático. De inmediato me di cuenta de tres cosas: el mensaje procedía de una consciencia extraterrestre, que voy a llamar "Bashar", y que la nave que había visto diez años antes era la suya; un recuerdo volvió a mi memoria: yo había acordado canalizarlo espiritualmente en algún punto previo a esta vida; y había llegado el momento de cumplir ese acuerdo, si todavía deseaba hacerlo.

»Después de pensarlo durante un rato, decidí explorar la posibilidad de permitir que esa entidad, "Bashar", hablara a través de mí y ver qué pasaba. Me imaginé que incluso si no fuera realmente otra entidad –incluso si fuera alguna misteriosa parte de mi propia consciencia– la información a la que accediera a través del proceso de canalización podría ser usada para ayudar a la gente a hacer cambios constructivos y positivos en sus vidas.

»Fuera cual fuera la fuente, decidí continuar. Ahora llevo canalizando en público desde 1983. Bashar ha hablado de una amplia variedad de temas a miles de personas en todo el territorio de Estados Unidos, como también en Japón, Australia, Nueva Zelanda, Canadá, Inglaterra y Egipto».

Ahora es la hora cero, mi favorita. Momento de canalizar, de permitir que Bashar acuda y que yo le pregunte algo. Esto fue constante en las seis entrevistas que Matt y yo hicimos durante los dos meses siguientes: pregunté lo que quise preguntar. Ninguna de las preguntas fueron presentadas previamente.

Darryl se sentó en una sencilla silla de madera, y yo frente a él en el sofá. Montamos varias cámaras y Matt usaba una manual, de alta definición. Anka se quitó las gafas de montura metálica, las dejó a un lado, hizo crujir sus nudillos y giró varias veces el cuello. Cerró los ojos.

Inspiró profundamente. Lo hizo otra vez y una más. Su rostro comenzó a crisparse. Su respiración se hizo más y más profunda hasta que sonó casi como si fuera de otro mundo. Su cabeza parecía más pesada y su mentón descendió hasta que finalmente se apoyó en su pecho. Más tics faciales.

Súbitamente me sentí muy excitado, mi corazón golpeaba como un pistón roto. Inspiré profunda y relajadamente varias veces yo mismo, mientras Darryl continuaba sumergiéndose en el estado de trance.

Después de aproximadamente un minuto de respiración profunda, la cabeza de Darryl ascendió recta, reanimada y todo su cuerpo sufrió una convulsión que duró un momento. Entonces se oyó el estallido de una voz como un trueno: «Te doy los buenos días en tu día y tiempo, «cómo estás?».

> *Cualquier vibración que emane de ti (...) determina completa y absolutamente cualquier experiencia, vuelve a ti reflejada en tu propia realidad.*

La energía de Bashar era tan intensa y vibrante que pensé que mi cuero cabelludo se quedaría sin un pelo. La habitación estaba ahora sobrecargada de su crepitante energía. Me sentí fortalecido y empecé a disparar preguntas. No estaba interesado en saber qué estaba haciendo mi abuela muerta, sino más bien en las Cuestiones Importantes: ¿cómo creamos nuestras experiencias, cómo se pueden manifestar mejor las cosas, cómo podemos mantenernos saludables, qué es Dios?

Pronto dejó claro que somos los responsables de nuestras propias vidas, *absolutamente* responsables, y que nada *nos* ocurre, sino que ocurre *a través* de nosotros:

* * *

Cualquier vibración que emitas, cualquier frecuencia que tú hayas creado o generado, determina total y absolutamente cualquier experiencia que vuelve a ti reflejada desde tu propia realidad.

Porque la realidad física realmente no existe empíricamente, fuera de tu definición de ella. Incluso vuestros propios físicos cuánticos han comenzado a descubrirlo. De manera que la realidad física es similar a un espejo.

Sea lo que sea lo que emitas, cualquier forma que te des, la manera en que te defines y te identificas, es aquello que vuelve a ti desde tu realidad; de modo que puedes decidir si deseas retener esa idea y esa frecuencia o si lo que deseas es modificarla.

* * *

Bashar movía sus manos velozmente, cortando el aire como un luchador de artes marciales.

* * *

Desde nuestra perspectiva, la manera más eficaz de alterar tu realidad es entrar en contacto conscientemente con tus convicciones. Se trata de que descubras la convicción, la identifiques y definas. Una vez que la has identificado, puedes entenderla como si fuera un mecanismo que ha sido creado por la frecuencia que generó la imagen que has experimentado. Entonces puedes reemplazarla por la convicción que prefieras.

Y también puedes creer, si lo deseas, que la nueva creencia va a reemplazar a la antigua, igual de efectivamente, y crear la realidad tan efectivamente como lo hacía la primera. Pero una vez hayas reemplazado la creencia, se generarán nuevas emociones, nuevos pensamientos y nuevas conductas; entonces, habrás llegado a tener una nueva realidad que será un reflejo de esas ideas.

*   *   *

Yo quería cosas concretas, y ya que todos podríamos llegar a usar unos cuantos dólares más de nuestra cuenta bancaria, pregunté por dinero.

*   *   *

Entendemos que el dinero es uno de los símbolos de la abundancia en nuestro planeta, y eso está bien y es correcto. Puedes tener cuanto dinero desees. Pero realmente la idea es flexibilizar la definición de abundancia, porque ésta no tiene que fluir hacia ti únicamente en forma de papel moneda. Has de abrir la puerta a través de la cual la abundancia pueda llegarte en todas las demás formas. La abundancia es sencillamente tener lo que necesitas en cada momento, para que puedas hacer lo que tengas que hacer cuando necesites hacerlo.

La idea es también examinar el sistema de creencias, porque puede que seas reticente a la idea de abundancia, ya que muchos de vosotros tenéis sistemas de creencias inconscientes que realmente mantienen aparcada la idea de experimentar la abundancia. Por ejemplo, has sido criado en vuestro planeta con todo tipo de sistemas de creencias conflictivas y contradictorias acerca de la abundancia. Como «el amor al dinero es la raíz de todo mal», y «nunca tendrás éxito si no tienes un montón de dinero». ¿Cómo permitir la coexistencia de ambas cosas sin sentirse confuso?

Muchas personas creen: «Bien, nunca tendré éxito, si no tengo un montón de dinero». Pero también piensan esto: «Me convertiré en una persona codiciosa y malvada si consigo tener un montón de dinero». Muchos jamás se permiten ser materialmente ricos, porque es más importante para ellos ser buenas personas, en lugar de malas.

De modo que si asocian la idea de ser mala persona con tener un montón de dinero, es una creencia que tienen que revisar, porque no tienen por qué hacer esa asociación. La idea no es que tengas que convertirte en alguien que tenga más abundancia de la que tienes. La idea es entrar en contacto con aquello en lo que tú dices ser más abundante. Y si eres abundante en escasez, vas a experimentar abundancia de escasez.

Otra vez se trata de la idea central. ¿Qué creencias has asociado a la idea de abundancia que te impide experimentarla de la manera que tú prefieras? Ésta es la pregunta que hay que hacerse. Descubre la respuesta, descubre cuáles son las creencias que tienes asociadas a estas cosas y cambia tus creencias fundamentales.

*   *   *

Bashar parecía un maestro experto avanzando a toda pastilla. Algunas de las otras entidades que encontraría más tarde eran más moderadas, con una energía más amable. Bashar no era afecto a pedalear suavemente; él iba directo a lo esencial de las cosas. Ciertamente, percibí amor en el intercambio, pero a Bashar le interesaba, sobre todo, ofrecer información y ayudarnos a *comprender*.

Miré a Matt y vi que estaba concentrado en rodar a Darryl/Bashar, quizás él mismo un poco en trance. Yo seguía sintiéndome con mucha energía, como si una suave corriente eléctrica estuviera recorriendo desde los dedos gordos de mis pies hasta mis oídos.

Lo que sigue es la mayor parte del resto de la trascripción.

*   *   *

Pregunta: ¿Por qué has venido a través de Darryl en este preciso momento?

Respuesta: Debido a un acuerdo, por así decirlo, previo a la vida anterior del canalizador dentro de lo que tú llamarías alma superior de dicho canal, de la cual yo también formo parte. Somos partes de la misma alma. Puedes referirte a mí como el futuro ser del canal y, hablando en términos de encarnación, yo podría ver al canalizador como mi ser anterior, por describirlo de manera lineal. Desde tu perspectiva espacio-temporal, la idea es que las encarnaciones se suceden unas a otras. Pero desde nuestra perspectiva, en el campo de otras dimensiones, percibimos todas las vidas, todas las encarnaciones como simultáneas. De modo que yo existo en el mismo tiempo que el canalizador; incluso pensado desde otro punto de vista puedes decir que él es mi vida pasada y yo soy su vida futura. Por tanto, como coexistimos simultáneamente y somos parte de la misma alma, yo tengo la capacidad de comunicarme con ese aspecto de mi ser que está representado por la vida física del canalizador.

P: ¿Alguna vez estuviste en forma de ser humano?

R: Como acabo de decir, el canalizador físico que está sentado frente ti es una de mis vidas pasadas en la Tierra. Pero yo tengo otras vidas en otras civilizaciones. Y la idea es que yo estoy físicamente presente en mi propia civilización, pero he tenido varias vidas humanas. O, desde tu perspectiva, tuve varias vidas humanas simultáneamente.

P: Entonces, ¿Darryl hizo esto antes? Me refiero a este acuerdo. ¿Lo hizo antes?

R: No existía un Darryl antes de esta vida. La idea es que esta decisión fue tomada en el interior del alma superior de la que ambos somos parte. Y, por tanto, ella nos creó a mí y a él. Proyectó cada una de nuestras vidas en la realidad material de una dimensión diferente, en un ámbito distinto. De esa manera facilitó lo que tú ahora estás experimentando: la comunicación que llamas canalización espiritual. Así, desde nuestra perspectiva, podemos ofrecer ideas e información que ayudará y asistirá a la civilización en la cual el canalizador ha nacido, en su exploración sobre la espiritualidad y el desarrollo de la consciencia.

P: ¿Todo el material que se canaliza es para recordarnos algo que ya sabemos, en cierto sentido?

R: Sí. Todos vosotros sois espíritus. Todos vosotros sois eternos. Todos vosotros ya sabéis todas las cosas que han sido discutidas en el así llamado «despertar *new age*». En vuestra investigación y exploración espiritual. Ésta no es información realmente nueva para ti como espíritu, pero al haber nacido en la realidad física, al crear una personalidad física, debes olvidar, hasta cierto punto, lo que has experimentado, quién y qué eres realmente. De modo que la idea total de la exploración espiritual y el despertar a niveles de consciencia más altos es exactamente como tú dices: un recordar, un recordatorio de quién y qué eres tú, así podrás experimentar y expresar esas frecuencias más elevadas, esos niveles más altos, ideas de consciencia superior, más consciente de la realidad material, y no seguir olvidando lo que has olvidado durante miles de años.

P: ¿Y por qué nos hemos olvidado de nosotros mismos?

Todo en ti es espíritu. Todo en ti es eterno. Pero al haber nacido en la realidad física (…) has experimentado el olvido de quién y qué eres en realidad.

R: Porque es una experiencia. Es una de las experiencias válidas, de las vías válidas de experimentar la realidad. Y verdaderamente te permite, digamos, atravesar un proceso que sería imposible en otros niveles, en niveles superiores. La idea es que cuando creas una experiencia de olvido total y precisamente entonces, incluso a través del olvido, descubres la idea de recordar quién eres tú; eso acrecienta y enriquece la experiencia que el alma tiene de sí misma y se suma a la experiencia global de Todo Lo Que Es, te redescubres desde una nueva perspectiva, desde un punto de vista nuevo. Eso requiere olvidar para poder tener una experiencia de recuerdo y ésa es una experiencia válida dentro de la creación.

P: En nuestro olvido total con frecuencia hay dolor y desdicha.

R: Sí.

P: ¿Por qué queremos pasar por eso?

R: No es necesariamente que vosotros queráis pasar por eso. Sino que es tener un sentido de desconexión de vuestro auténtico ser, hasta cierto nivel y en el campo de la experiencia. La idea es aprender que no tenéis que hacerlo, sino llegar a la perspectiva de hacerlo para que una vez que ganéis experiencia de conocimiento no necesitéis repetirlo. Voy a trasladarlo al lenguaje coloquial. Tú has experimentado la oscuridad para comprender qué es la luz. La polaridad es importante para crear una integración de la polaridad. Sin polaridad no hay integración de la polaridad. Una vez más, desde la perspectiva de Todo Lo Que Es, desde la perspectiva de la propia creación, es una sencilla y válida vía de experimentar una parte de ello. De modo que va a contener polaridad y experiencias de polaridad, para experimentar la propia unión nuevamente reunida de una forma integrada.

P: ¿De modo que si una persona tiene cáncer, a cierto nivel, quiere pasar por esa experiencia?

R: No se trata de que la personalidad física necesariamente quiera tener esa experiencia, sino que puede ser parte integrante de sistemas de creencias adquiridas, e ideas y definiciones incorporadas, que os permiten experimentar la idea de que sois víctimas de algo que está fuera de vuestro control. Pero la idea es aprender a través de eso que tú no lo estás y que realmente puedes crear algo distinto. Que tú puedes trasformar esa idea, esa experiencia en otra, para aprender de ello de una forma positiva. Y la cuestión que también hay que recordar es que, independientemente de lo que le ocurre a la personalidad física, al espíritu, al ser, la consciencia es eterna e infinita y tiene la capacidad de experimentar un sinfín de cosas.

»E incluso aunque se pueda experimentar durante un tiempo la idea de algo que causa dolor y sufrimiento, se trata de una experiencia temporal que el alma puede, sin embargo, utilizar para su beneficio. Ahora, una vez más, no estoy diciendo de ningún modo, manera o forma, que el dolor deba ser experimentado. Sencillamente estoy diciendo que es una parte integrada en la definición de la realidad que tú has elegido como experiencia, la realidad espacio-temporal. Eso es posible en esa experiencia, pero la idea es aprender a través de ella que tú realmente no necesitas sufrir. Que puedes recordar que has creado tu vida y que no tienes que ser víctima del sistema de creencias o definiciones que dicen que estás fuera de control. Ésa es la idea global. Que puedes hallar la luz y crearla, incluso viniendo del olvido y la oscuridad. Esto demuestra lo poderoso que eres como ser, como consciencia, como espíritu.

P: Estos días hay un montón de conversaciones sobre la ley de la atracción.

R: Sí. Es a lo que nosotros nos referimos como la tercera ley.

P: ¿Cómo la describes y cómo explicas su funcionamiento?

R: Voy a ponerlo en el contexto de las cuatro leyes que nosotros entendemos que controlan todas las cosas de la creación. Desde nuestra experiencia solamente hay cuatro leyes que permiten experimentarlo todo, que permiten que todas las cosas sean creadas. La primera ley es simplemente que tú existes. Eso nunca cambiará. La forma puede cambiar, pero el hecho de que tú existas jamás lo hará. La existencia no se convierte en no existencia, porque la no existencia ya está llena de las cosas que nunca existirán y allí no hay sitio para las cosas que sí existen. La existencia es la única cualidad que tiene la existencia. La de ser. No hay «no ser».

»Por consiguiente, la ley número uno es: tú existes y siempre lo harás. La ley número dos es que uno es todo y que todo es uno. El todo está hecho de partes. Las propias partes son aspectos del todo y cada parte contiene el todo en forma holográfica. La ley número tres es lo que tú llamas la ley de la atracción, y es sencillamente «lo que pones fuera volverá a ti». De modo que sea lo que sea aquello que emitas, cualquiera sea la forma que le des a tu ser, sea cual se a la manera en que te defines e identificas, es lo que se reflejará en ti desde tu realidad, de modo que tú puedes decidir si deseas conservar esa idea y esa frecuencia o si deseas cambiarlas. Y eso nos lleva a la cuarta ley, que lo único constante es el cambio y todo cambia excepto las primeras tres leyes, que jamás cambiarán.

P: Dices que existimos y que siempre lo haremos. Si ése es el caso y yo lo creo, ¿por qué hay tanta gente que tiene miedo a la muerte?

R: Porque han experimentado la idea de desconexión del recuerdo de que son eternos e infinitos y, por tanto, cuando no recuerdas que eres eterno e infinito, el ego de la personalidad física, el concepto que has creado y que es la mente física, no sabe que muerte no es igual a aniquilación. Cuando la mente física piensa que la muerte equivale a la no existencia o a la aniquilación, entra en la modalidad de supervivencia. Pánico, miedo, duda. Pero cuando comprende que la realidad física es simplemente una manifestación temporal, una máscara si quieres, una proyección de la consciencia superior que tú eres, y comprendes que siempre existirás, el miedo a la muerte desaparece.

P: También se habla mucho en estos días sobre «los pensamientos crean…».

R: En verdad es «las creencias crean». Pero nosotros entendemos que a veces esas terminologías deberían ser ampliamente definidas en tu planeta y, esencialmente, es correcto que tus pensamientos crean tu realidad. Pero en un nivel más básico son realmente tus definiciones y creencias las que generan las emociones que tienes, también las que generan los pensamientos y las acciones, y todo eso refuerza la realidad que tú vas creando. Pero ante todo y principalmente, ella se emite y se origina de aquello que sea la más potente definición o creencia que hayas incorporado como cierta.

P: ¿O sea que cuando cambiamos nuestras creencias esenciales y actuamos desde ese ámbito, nuestra realidad exterior, nuestras vidas, cambian necesariamente?

R: Sí, absolutamente. Pero al principio, cuando cambias una creencia, porque tú vives en una realidad espacio-temporal, puede haber lo que se llama «efecto eco», y puede parecer que lo más consistente de la realidad externa no ha cambiado. Pero la verdadera prueba que debe ocurrir en el interior individual de quienes dicen que deben cambiar su creencia no es en principio la realidad externa, sino que ellos respondan a la realidad de manera diferente, incluso si sigue siendo la misma durante un cierto período de tiempo. Cuando se responde de distinta manera a la misma realidad, el reflejo o el eco de lo que se ha hecho antes es lo que prueba que se ha cambiado; y cuando se sigue respondiendo de forma diferente a la misma realidad, se va reforzando una nueva frecuencia que finalmente creará una nueva imagen de la realidad externa.

»Así es como funciona, y realmente, todo eso es la simple física de la energía. Eso es todo lo que es. No hay ningún misterio en esas ideas *new age* en tu planeta; cuando la gente dice que tú creas tu realidad, es cuestión de tus pensamientos, tus creencias, tu conducta, tus sentimientos. Es exactamente una forma profana de expresar energía física. Una vez más, lo que tú emites es lo que volverá a ti. Por cada acción hay otra equivalente y opuesta. Es sólo física, pero que conduce hacia un nuevo y más profundo nivel de comprensión, con el añadido de la consciencia en la ecuación. Porque la consciencia es lo que crea tu experiencia. No existe una realidad externa verdaderamente empírica. Lo único que es «real», por así decirlo, es tu experiencia de ello.

P: A veces es difícil ir de una postura hacia otra que preferirías…

R: Sí. Bien, nuevamente la dificultad puede proceder de albergar creencias de las que tú ni siquiera te das cuenta conscientemente y el estar en contacto con esas creencias te impide experimentar una vida dichosa. Pero la idea es que, coincidiendo con la investigación de tus creencias más profundas para liberarte de ellas, actúes sobre tu placer cada vez que se te pueda presentar, que actúes sobre tu pasión en cada oportunidad; es lo que también fortalecerá tu habilidad para moverte hacia adelante en esa dirección. Porque la pasión, el entusiasmo, el placer, el amor, esa sensación en el cuerpo, esa excitación, ese sentido de equilibrio y paz en el cuerpo, es la traducción física del cuerpo de la frecuencia vibratoria que representa tu ser verdadero, natural, nuclear, original. El yo que realmente has generado por la creación de ser.

»De modo que cada vez que actúas sobre tu pasión con la máxima habilidad que tengas, en cada oportunidad que puedas, estarás haciendo una declaración, un compromiso de estar armoniosamente reunido con tu auténtica y natural vibración profunda.

»Y cuando funcionas así y te hallas en el estado de ser, eso es representativo de tu natural vibración nuclear, entonces el universo es capaz de sustentar cualquier cosa representativa de esa verdadera y natural vibración profunda. Pero cuando incorporas creencias desajustadas, que son ajenas a la sincronización de tu ser natural, y sientes la energía como duda, miedo, odio y demás, juicios en ese sentido negativo y similares, entonces el universo sólo puede sustentar las vibraciones que tú emites. Y si lo que emites es una vibración de estar desajustado, sólo se te presentarán oportunidades para que continúes en esa dirección. Porque lo que dices, ocurre. Por eso se te ha concedido libertad de acción.

»Tú eres el absoluto y último determinante de cada tipo de experiencia de la realidad que tienes. Con frecuencia también decimos que uno de los grandes dones que te han sido concedidos por la creación –y sabemos que esto va a sonar al principio extraño en tu lenguaje, discúlpanos–, uno de los mayores dones que a ti te ha dado la creación es que la vida no tiene sentido. Lo que nosotros queremos decir con eso es lo siguiente: nada, ninguna situación ni circunstancia, ha sido realmente construida con sentido. Es neutra, carente de sentido; es un decorado. Es un símbolo. Es la representación de un concepto. Pero el sentido que tú le das, automáticamente, consciente o inconscientemente, el sentido que le atribuyes, la definición que le asignas a cualquier situación neutra es exactamente lo que determina el efecto que extraerás de dicha situación. Todas las situaciones son neutras y pueden tener una doble función. Pueden crear en ti un reflejo negativo o positivo. Eso únicamente está determinado por el tipo de energía, vibración y el sistema de creencias y definiciones que le asignes tú a la situación.

»De manera que no importa que cualquier otra persona tenga una intención diferente de la tuya en determinada circunstancia, si tú le asignas una definición positiva a esa circunstancia y situación, vas a recibir un efecto positivo, sin que importe la experiencia ajena. Volvemos a la tercera ley: aquello que emites lo recibirás de vuelta. Y dado que todas las personas individualmente son verdaderamente su propia realidad, su propio universo, entonces lo que dices en tu universo funciona. Y no tienes que estar de acuerdo con lo que otra gente pueda ofrecerte como creencia alternativa si tú no deseas incorporar esa creencia. Tú no quieres tener exactamente la misma experiencia que ellas en la misma situación. Una vez más, simple física.

P: ¿Entonces las personas son desdichadas y se sienten alejadas de lo divino porque no se han dado cuenta de lo poderosas que realmente son?

R: En cierto sentido, aunque en realidad jamás puedes separarte de Todo Lo Que Es o lo «divino», como tú lo llamas, sino que puedes crear una experiencia de que estás alejado de lo divino. Pero, puesto que eres parte de la creación, no puedes estar realmente alejado de ello. Aunque puedes tener una experiencia de que lo estás. Y la creación sustenta incondicionalmente cualquier elección que tú hagas. Sois amados incondicionalmente, apoyados incondicionalmente en cualquiera que sea la elección que cada uno de vosotros hagáis. Por tanto, si elegís creer que estáis excluidos y separados y escogéis experimentar la idea de la separación, Todo Lo Que Es o la creación sólo pueden sustentaros en eso y proporcionaros nuevas oportunidades para reforzar lo que decís que es vuestra elección. De modo que es realmente importante para vosotros entrar en contacto con el porqué podéis llegar a elegir cosas, y cambiar las creencias que hacen parecer como lógica una elección, por ciertas razones, cuando de hecho puede ser que realmente no sirvan.

P: ¿De manera que las personas que están deprimidas e incluso desesperadas, es porque se consideran alejadas o están desconectadas de sí mismas en cierto sentido?

R: Sí. Ellas no perciben la conexión que tienen con Todo Lo Que Es, lo que les permitiría saber que en cada segundo tienen en su interior absoluta, completa y constantemente, la capacidad de elegir ponerse en un estado de alegría absoluta y no necesitan ninguna otra razón más que aquellas que inventen para ello.

»Todo Lo Que Es nunca va a contradecirte. En ese sentido, Dios no va a desautorizar tu voluntad. La voluntad de Dios es tu voluntad. Y en ese aspecto cualquiera que sea la elección que hagas es porque has sido dotado de libre voluntad y eso es así, digamos, porque es la voluntad de Dios que tú tengas la tuya propia para elegir y hacer tu voluntad. Pero eso te permitirá elegir cualquier cosa. Es algo incondicional.

P: Estás usando la palabra «Dios» que en nuestro planeta está sobrecargada de implicaciones.

R: Sí. Bien, ésa es la razón por la que con frecuencia utilizamos «Todo Lo Que Es» como terminología de reemplazo, porque nosotros entendemos que el término «Dios» puede tener muchas interpretaciones distintas en tu planeta. Pero cuando escogemos utilizarlo, es simplemente en forma de generalización para facilitar la comprensión del concepto que estamos discutiendo. Pero usaremos frecuentemente Todo Lo Que Es porque es el infinito, lo que el Uno es. Como definición es también todo lo que es. No hay nada fuera de eso; no puede haber nada fuera de eso, por definición.

P: ¿Hay mucho de oscuridad y heridas que están emergiendo a la superficie en este momento para que la humanidad sea curada?

R: La idea de despertar es la de hacer emerger todo lo negativo hasta la superficie, y que puede estar sepultado en vuestros inconscientes o subconscientes para tratar con ello e integrarlo. Para que entendáis que es sólo parte de vosotros. Y para que se entienda que es necesario enfrentarlo, que debe ser apreciado. Entender que es preciso entenderlo. Así podréis usarlo de manera positiva. Tú puedes aprender de eso sobre ti mismo. Todo lo que llegue a ti, cualquier fragmento de información sobre vosotros, tanto positiva como negativa, puede ser aplicada de una manera positiva, si es vuestro deseo. De modo que sí, en esa así llamada *New Age* o «Edad del despertar» o «Edad de la conciencia espiritual» en vuestro planeta, la idea general es que realmente estáis al final de un ciclo de limitación, que vosotros habéis impuesto sobre vuestro ser durante miles de años, y despertáis a la remembranza de que no tenéis que hacerlo de esa forma.

> *La idea general es que realmente estáis al final de un ciclo de limitación que vosotros habéis impuesto sobre vuestro ser durante miles de años, y despertáis a la remembranza de que no tenéis que hacerlo de esa forma.*

De modo que estáis trasladando todos los fragmentos negativos hacia afuera, burbujeantes en la superficie, de tal forma que podáis tenerlos encima de la mesa a simple vista y podáis tomar una decisión consciente e informada. ¿Es eso lo que queremos que sea nuestro mundo o preferimos algo diferente? Y entonces, una vez hayáis tomado una decisión, hacer algo acerca de ello, en lugar de ocultarlo y mantenerlo reprimido y en secreto, lo que no le permite a nadie tratar con el asunto, aprender de él o integrarlo.

P: ¿De modo que se puede decir, usando un cliché, que siempre esta muy oscuro antes del alba?

R: Sí. Exactamente así. Oscuridad previa al alba. A menudo usamos también la analogía de la banda elástica para describir ese mecanismo. Sabemos que vosotros tenéis en vuestro planeta ese elemento llamado banda elástica. Y sabemos que si lo estiras mucho hacia atrás, se romperá y saldrá despedida mucho más lejos en la dirección opuesta, hacia el otro lado. Bien, la analogía contiene la idea de que la exploración, tanto de la limitación como de la oscuridad, responde a una de tus preguntas previas acerca del nivel de oscuridad y limitación en la Tierra.

»Realmente, desde el punto de vista del alma, la idea es que tan lejos como te internes en la oscuridad, tan lejos como te desplaces para explorarla, tan lejos como envíes la banda elástica hacia el lado oscuro, cuando finalmente decidas deshacerte de ese miedo y esa limitación, se romperá mucho más rápido y mucho más lejos, pero en la luz. De modo que el impulso de romper en la luz es realmente el de unir, explorando la oscuridad lo más profundamente que puedas. Y una vez que decidas integrarlo todo y no tenerle miedo, te impulsará hacia la alegría y la pasión mucho más rápido, y tendrás una transición más veloz en tu planeta que la que nunca antes hayas tenido.

P: ¿Y eso está pasando ahora?

R: Está pasando ahora. Estáis acelerando. Pero vuestro año 2012, que puede ser identificado como el de muchas personas intuitivas de vuestro planeta cruzando un umbral, lo que realmente tendréis en ese año es el cruce del umbral desde tener colectivamente un poco más de energía positiva que de negativa en vuestro planeta. Y eso hará que las cosas comiencen a acelerarse todavía más hacia lo positivo, de modo que en aproximadamente dos o tres décadas descubriréis que las cosas han cambiado drásticamente en vuestro planeta, ya que entonces será fundamentalmente positivo y opuesto a lo que es fundamentalmente negativo.

P: Pero, ¿llevará mucho tiempo?

R: Todavía va a llevar un poco de tiempo porque después de todo todavía experimentáis la idea del proceso espacio-tiempo. Pero en realidad veinte o treinta años no es mucho; en términos históricos es un parpadeo, comparado con la cantidad de tiempo en el que habéis experimentado limitación y negatividad en vuestro planeta, durante miles y miles y miles de años.

P: ¿Lo que acabas de describir es la llamada «ascensión»?

R: Es un tipo de ascensión, aunque nuevamente entendemos que hay muchas interpretaciones de esa palabra en vuestro planeta. Todavía permaneceréis en la realidad física, pero vuestra vibración será mucho más elevada. La idea es que no necesariamente quieras parecer diferente de los demás, pero permítenos decir que una persona de tu planeta de hace trescientos años era capaz de verte a ti hoy. Ellos realmente podrían verte brillar, porque tu vibración espiritual es mucho más alta de lo que era cientos de años atrás. Pero si miras a tu alrededor como estás acostumbrado a esa vibración, no necesariamente ves a los demás brillando con la luz. Pero tú continuarás brillando con más y más intensidad cuando acrecientes, acentúes y eleves tu frecuencia. Y en ese sentido, se trata de una forma de ascensión.

»Finalmente, los humanos ascenderán hacia la experiencia de la dimensión no física, que es el proceso en el que está desarrollándose ahora mi civilización, yendo desde lo que eufemísticamente se puede denominar 4.ª densidad real hacia 5.ª densidad de realidad no física, incluso si vosotros pasáis desde la 3.ª densidad hacia la 4.ª densidad. En aproximadamente mil años, de acuerdo a vuestra manera de contar, los humanos no seguirán eligiendo encarnarse en la Tierra. Puede que algunas de las almas se queden por ahí, como vosotros decís, para actuar como guías no físicos de la próxima forma de vida que aparecerá en la Tierra, y usen a ésta para sí mismos, como modo de tantear el terreno, por así decirlo. Pero dentro de mil años, las almas ya no necesitarán la experiencia humana en la Tierra y, en general, no se producirán más encarnaciones durante ese tiempo, en vuestro planeta, como humanos.

P: ¿La Tierra es un ente vivo?

R: Lo es. Todas las cosas son producto de una consciencia y tienen su propia forma de expresión y consciencia. Porque Todo Lo Que Es, es consciencia. Por tanto, todas las cosas tienen lugar en y se crean a partir de la consciencia del uno. Pero la consciencia se expresa a sí misma de diferentes maneras. Puede no parecer consciente para ti, para los humanos, en el sentido que vosotros os pensáis como conscientes, pero es absolutamente consciente a su propia manera, como lo es todo en el planeta.

P: ¿Es cierto que todas las almas deciden cuándo partir, cuándo morir?

R: Básicamente, sí. Algunas almas pueden elevarse en situaciones aleatorias que ocurran en la realidad física, para no tener que cerrar la ventana de su partida y asociarla a un marco temporal específico, como algunas otras pueden hacerlo. Pero, básicamente, sí, tú escoges el tiempo de tu nacimiento y el de tu partida. En general. Algunos van a tener una ventana en la cual eso pueda ocurrir. Dan o toman un cierto número de días, semanas, meses o años, dependiendo de lo que elijan experimentar.

P: ¿Escogemos nuestra partida antes de nacer o después?

R: Puede ser en ambos casos.

P: ¿Podemos cambiar mientras estamos encarnados?

R: Podéis si eso sirve para explorar si puede hacerse así. Para la mayoría de vosotros simplemente no es necesario cambiar. Pero, sí, podéis.

P: ¿Es verdad que los humanos tienen guías o ayudantes?

R: Todos los humanos tienen guías y ayudantes, sí. Todos vosotros estáis conectados a familias mucho más amplias de las que podéis advertir.

P: ¿Cuántas y de qué tipo?

R: Depende. Muchos de los guías son simplemente amigos que has tenido en tus experiencias de otras vidas, que sencillamente no se han encarnado en el mismo período de tiempo en que tú lo has hecho. Se quedaron en espíritu para ayudarte desde el otro lado, por así decirlo. Hay ciertos guías que proceden de lo que tú llamarías otros niveles, otras dimensiones, otras realidades, que pueden estar sirviendo a ciertos propósitos al ayudarte. No sólo a los tuyos, sino también a los suyos propios, en el sentido de lo que están aprendiendo para el crecimiento de sus propias almas.

»Pero la mayoría de los individuos en vuestro planeta va a tener algún tipo de amable guía familiar, de amigos que han interactuado de diversas maneras con vosotros anteriormente; y básicamente tendréis un guía principal, pero también podéis tener otros dos o tres que os estén asistiendo o compensando, de tiempo en tiempo, dependiendo de cómo sea su necesidad de ayudaros y de que también estén aprendiendo.

Todos los humanos tienen guías y ayudantes (…). Todos vosotros estáis conectados a familias mucho más amplias de las que podéis daros cuenta.

P: ¿Cuál es la mejor forma de conectar con ellos?

R: La manera más fácil es simplemente vivir tu vida tan apasionadamente como puedas, de modo que estés funcionando en una frecuencia muy alta, que entonces se volverá más receptiva de la información y guía que ellos puedan proporcionarte, cuando y donde resulte apropiado. La idea es que, a menudo, el guía intentará ser discreto, incluso cuando te proporcione información, porque el propósito de guiarte, en su conjunto, es realmente enseñarte a ser tu mejor guía. De modo que la idea es que, muchas veces, los guías se valdrán de los apoyos que ya existan en tu propia realidad física, para conseguir que prestes atención a la información que sientan que tú puedas necesitar saber o que pueda serte útil.

»Por ejemplo, la sincronía en la vida. Esas pequeñas coincidencias que no son accidentales, como haber ido a parar justo al lugar preciso y en el momento preciso; y escuchar por casualidad, exactamente la conversación que necesitas oír, justo en el momento en que eres capaz de conseguir otra parte de la información necesaria, precisamente en ese instante. Puede que sea la labor de tus guías conducirte en cierta dirección, y sin proporcionarte la información directamente, sino sabiendo que ya está disponible para ti en tu realidad, solamente les hace falta darte un empujoncito hacia una calle cualquiera, en determinado momento. Quizás sea eso lo único que necesiten hacer. De modo que ellos con frecuencia usarán la sincronía y la información que está disponible en tu propia realidad para dar en el blanco. En algunas ocasiones puede que realmente los oigas con mayor fuerza y más directamente.

»Puede que los veas en tus sueños. A menudo, la comunicación durante el sueño es una de las vías más potentes por la que los guías se comunicarán contigo y muchos de los llamados sueños que puedas recordar cuando despiertas, quizás no siempre sean el habitual proceso casual que se desarrolla en tu cerebro sobre los sucesos del día, sino que realmente pueden representar una comunicación, una conversación que estás teniendo con los amigos y la familia en otros niveles.

P: ¿Personalmente, tú has dejado atrás tu necesidad de guías?

R: Nosotros tenemos nuestros propios guías. Nunca habrá un tiempo en que no haya necesidad de recibir ayuda de niveles superiores, hasta que realmente tu seas el Uno y a partir de allí, no hay nivel más alto.

P: Entonces, ¿tú eres una especie de recomienzo?

R: Por así decirlo, sin embargo, recuerda: Todo Lo Que Es no está sujeto al tiempo. De modo que sí, puedes crear la experiencia de un nuevo ciclo en el cual tengas nuevas experiencias. Pero ellas pueden variar y eso supone muchas formas que no son exactamente recomienzos. Solamente es hacer algo distinto. De una manera diferente, desde una nueva perspectiva. Porque, recuerda, toda experiencia que tengas es el mismo único momento, sólo que desde un punto de vista diferente.

Porque sólo hay uno aquí y ahora. Sólo una existencia de Todo Lo Que Es. Pero la idea es que cada cosa diferente y singular que se experimenta como algo diferente es simplemente la misma única cosa, experimentada desde otro punto de vista. De modo que eso es por lo que coloquialmente decimos que cada uno es realmente otro ojo de Dios. Un ojo de Todo Lo Que Es, una perspectiva distinta que Todo Lo Que Es tiene de sí mismo.

P: Algunas personas en la Tierra tienen a Jesucristo como guía; ¿cuál es su auténtico significado?

R: Desde nuestra perspectiva, la idea de la consciencia cristiana es que representa al alma superior colectiva de todos los espíritus de la Tierra. Es un punto de vista muy elevado. Pero es análogo a la idea de la naturaleza de Buda, el espíritu de Krishna, consciencia de Cristo. Todos son la misma idea. El espíritu colectivo, el alma colectiva de todas las almas, en ese sentido.

P: Se interpreta tan mal…

R: Eso es por la tendencia humana a crear experiencias de desconexión y, por tanto, crear interpretaciones desde ese nivel. En lugar de permitir que exista comprensión en el nivel del espíritu, que es desde donde se distribuye la información. Pero, debido a que la realidad física es más densa que la del nivel desde donde llega la información, puede abrirse camino por rincones y recovecos que pueden causar distorsión en la percepción.

P: ¿Llegaremos a una época en la que no discutamos en la Tierra cuál Dios es el mejor?

R: Sí. Como decimos nosotros, dentro de lo que vosotros llamaríais las próximas dos o tres décadas, descubriréis que vuestro planeta habrá cambiado lo suficiente como para que no continúen ciertas prácticas. En ese momento se habrá entendido que todas las creencias son verdaderas, igualmente verdaderas, porque son aspectos de la misma única creación. Por consiguiente, todas son igualmente válidas.

P: Tú dices que todas las vidas se viven simultáneamente. De modo que supongo que todos hemos sido asesinos y hemos sido asesinados…

R: En especial, en este punto del ciclo verdaderamente lo habéis hecho todos. Por eso estáis llegando al final del ciclo de limitación, porque realmente no es mucho lo que queda por explorar. Todos ya lo habéis hecho todo. De modo que ahora tenéis que recordar, estáis despertando de ese sueño particular porque estáis casi al final de ese sueño.

P: ¿Pero ya todos hemos explorado los rincones más oscuros que hay que explorar?

R: Casi todos vosotros, sí. Todavía hay en ese aspecto lo que podéis llamar recién llegados a la Tierra, que no necesariamente tienen que recorrer la escala de los diferentes tipos de encarnaciones que son posibles como ser humano en la Tierra. Pero la mayoría de vosotros, sí, habéis experimentado exactamente todo lo que podíais experimentar. Habéis asesinado y fuisteis asesinados. Habéis sido benefactores y os habéis beneficiado. Habéis sido de todos los géneros. Habéis sido todos los miembros de una familia y amigos. Habéis tenido todas las enfermedades que se pueden tener. Habéis experimentado el máximo deleite en ciertas vidas. Libertad. Miedo. Todo. El espectro completo. La mayoría de vosotros estáis en ese punto. Digamos que por encima del 95 por 100 de vosotros.

P: ¿Qué es el calentamiento global?

R: Es el efecto de un ciclo natural en vuestro planeta que se ha acelerado a través de medios artificiales basados en vuestras tecnologías. De manera que es la combinación de un ciclo natural y una aceleración artificial. Pero es el ciclo que permite que se produzcan cambios en el planeta, como forma de refrescar, revigorizar, reiniciar una nueva idea, un nuevo ciclo, una nueva vibración, una nueva energía. Los cambios que están en marcha os van a afectar de acuerdo a vuestras propias creencias y, en ese sentido, habrán sido provocados por ellas, pero la aceleración en ese aspecto procede de muchas de vuestras propias creencias.

P: ¿Una buena parte de ello es también la limpieza de la Tierra?

R: Sí. Nuevamente es un ciclo natural, pero vosotros lo habéis acelerado artificialmente y también artificialmente lo habéis extendido.

P: La parte que nosotros hemos acelerado, ¿va a suponer un obstáculo para la Tierra?

R: En algunos aspectos es un obstáculo. Pero la Tierra es resistente. Entendiéndose que habéis hecho diferentes cambios, casi más poderosos y mucho más destructivos de lo que la humanidad es capaz de crear. Y se ha recuperado. Pero la idea acerca de la continuidad de la Tierra realmente no es uniforme, sino que se trata realmente de la continuidad de vuestra propia especie. De modo que cuando habláis de la salvación del planeta, lo que realmente significa es: «¿Queréis que nos salvemos? ¿Queréis que continuemos siendo la humanidad sobre la Tierra?». Porque la Tierra va a sobrevivir.

P: Pero, ¿nosotros hemos tomado o no la decisión de continuar?

R: A cierto nivel, sí. Aunque una vez más, por favor recuerda que hay un número infinito de realidades paralelas y todo lo que vosotros hacéis realmente al cambiar vuestra vibración es desplazaros hacia una realidad terrestre paralela que ya es representativa de la idea de que ya no haréis más cosas nocivas. De modo que la vieja Tierra seguirá estando ahí, y de hecho hay muchas Tierras paralelas que han sido completamente destruidas. Pero podéis desplazaros a una realidad paralela representativa de la clase de realidad en la que preferís existir, lo que obviamente requiere un cambio en vuestra conducta, para expresar y ejemplificar que vuestra vibración y deseo representa algo distinto de lo que habéis hecho antes.

Y eso os va a conducir a una realidad terrestre paralela que ya representa los cambios. Puedes experimentarlo tan rápida o lentamente como desees. Todo depende de la rapidez o lentitud con que desplaces tu frecuencia. Así, si queréis ver cambiar vuestro mundo, todos vosotros tenéis que cambiar bastante. Y también llegar a un acuerdo con otros para hacerlo; entonces, cada uno de vosotros, de común acuerdo, experimentaréis a los demás en una nueva Tierra, en una nueva realidad paralela que será representativa de lo que habéis acordado experimentar y ya no experimentaréis a quienes no han acordado experimentar la misma Tierra que vosotros. Ellos seguirán permaneciendo en la otra realidad paralela.

P: ¿De manera que si alguien está convencido por creencia religiosa o por lo que sea que el mundo se acabará, estarían trasladándose a una realidad paralela donde eso ocurra?

R: Sí. Absolutamente. Hay un infinito número de experiencias en realidades paralelas. Una vez más, es tu propia decisión. Eso es lo que significa tener libre elección en un universo infinito. Puedes experimentarlo todo, incluso la destrucción total de tu mundo. Si eso es en lo que insisten tus creencias en experimentar, con toda seguridad lo vas a hacer. Pero nuevamente todavía eres un espíritu infinito, de modo que seguirás adelante.

P: ¿Entonces no hay correcto o erróneo?

R: No en ese sentido. Por decirlo de una manera mecánica, hay experiencias positivas y negativas. No es tanto la idea subjetiva del bien, del mal, de lo correcto o erróneo. Sino que tú puedes reconocer objetivamente que la energía positiva es integradora, unifica, amplía, y que la negativa segrega, separa, es discordante e inarmónica. Ésa es una definición mecánica. De modo que, ¿prefieres lo no armonioso, la separación, el miedo y la duda o la armonía, la unidad, la alegría y la paz? Realmente sólo es cuestión de decidir qué efectos quieres y, por lo tanto, qué energía deseas perpetuar en tu realidad.

P: En la Tierra solemos decir. «¡Vaya por Dios!». Algunas personas disfrutan de la discordia…

R: Sí, la disfrutan. Pero eso es solamente porque les han enseñado a creer que no es posible nada distinto. Puede que simplemente estén mal equipados para comprender qué tienen disponible en su caja de herramientas para experimentar algo diferente.

P: Sé que hemos transmutado muchos cambios terrestres; ¿qué podemos esperar que ocurra en adelante, en los años venideros?

R: Ante todo, recordad todos vosotros que no existe algo como la predicción del futuro. Hay un infinito número de probables realidades futuras, y cuando alguien hace una predicción, no está prediciendo el futuro, está sintiendo la energía que existe en el presente, cuando hace la predicción. Si esa energía no cambia, si tiene un importante grado de impulso o de inercia, entonces es probable que no haya cambio y puede, como tú dices, ser cierta esa predicción. Pero si cambia, la predicción se queda obsoleta, porque se ha hecho sintiendo la energía que existe en el momento en que se la hace. Y a veces la propia predicción realmente puede cambiar la energía y quedarse ella misma obsoleta.

»De modo que la idea es entender que no importa lo que decimos que puede o no puede surgir cuando sentimos la energía presente, todo es mutable. Lo que sentimos ahora es que todavía hay una probabilidad de que en vuestro año 2010, el sitio donde estás (Los Ángeles) puede experimentar un movimiento sísmico importante. No obstante, nosotros entendemos que vuestra energía colectiva puede convertirlo en una serie de movimientos sísmicos menores, que libere una energía inofensiva.

«Nosotros también reconocemos que todavía hay un alto grado de probabilidad de que ocurra lo que vosotros llamaríais un incidente terrorista nuclear en Oriente Medio. Una vez más, vosotros podéis cambiar vuestra energía de tal modo que resulte innecesario experimentar eventos de ese tipo. Pero te voy a decir esto: si ese evento se va a producir en los próximos diez años, en el exterior, si va a haber un ataque terrorista con armamento nuclear en Medio Oriente, vuestra energía en el planeta va a cambiar lo bastante como para que, después de esa experiencia, no volváis a dejar que ocurra. También eso lo podéis modificar. Todo lo que tenéis que hacer es recordar que sois vuestros propios gobernantes, y si comenzáis a dialogar sobre autodeterminación, ganaréis impulso suficiente por el lado positivo, como para suavizar las circunstancias antes de que comiencen. Esto es prioritario para vosotros porque es vuestro planeta. Nosotros realmente no podemos interferir en ese contexto.

»De la única manera en que fuimos capaces de intervenir en el pasado fue siempre que vosotros pudierais hallaros en el umbral de una auténtica y total aniquilación nuclear. Porque eso no afectaría solamente a vuestro mundo, sino que también traspasaría diversas dimensiones y eso no lo permitiremos. De modo que haríamos una manifestación ante vuestros gobiernos y ejércitos a través de naves espaciales, lo que vosotros llamáis objetos voladores no identificados (ovnis), que aparcarían encima de los depósitos de misiles, desactivándolos, como una clara señal de que no permitiremos que sean disparados en una guerra nuclear total. Pero nosotros no podemos prevenir hechos aislados. Vosotros sí podéis hacerlo.

Hay un infinito número de probables realidades futuras, y cuando alguien hace una predicción, no está prediciendo el futuro, está sintiendo la energía que existe en el presente.

P: ¿Por qué el gobierno mantiene en secreto los ovnis?

R: Por varias razones. Una vez más, gran parte de ello tiene que ver con el miedo, la desconexión, la creencia de que la sociedad sentirá pánico, la creencia de que vuestra sociedad va a colapsar, y nosotros tenemos que respetarlo, porque vosotros habéis puesto a cargo a personas que dicen que va a ocurrir así y que hay que mantenerlo en secreto, de manera que vosotros sois los únicos responsables permitiendo que eso continúe. Pero si deseáis que se revele, entonces tenéis que actuar activamente de todas las maneras que os permitan saber que estáis preparados para recibir mayor información y eso permitirá a vuestros representantes difundir más información. De nuevo, está en vuestras manos.

P: ¿Y qué pasa si simplemente decidimos sobre una base individual?

R: A veces puedes y a veces no; aunque muchas de las personas que piensan que están preparadas para contactar, no lo están. Esto lo hemos descubierto porque vuestra consciencia física existe de una manera muy compartimentada, donde habéis ocultado partes vuestras a vosotros mismos, en el subconsciente, cosas que tenéis miedo de mirar; y nosotros entendemos que debemos entrar en contacto con un ser que represente una energía mucho más integrada, una energía de mayor frecuencia; puede que esa energía arrolle la energía compartimentada de vuestra personalidad y fuerce a que los compartimentos se rompan, se disuelvan y puedan forzaros a encarar cosas que todavía no sois capaces de encarar. Y, por tanto, la posibilidad de provocar una conmoción psíquica en vuestro interior es aún importante.

»De modo que no forzamos eso. Simplemente dejamos que los individuos realmente muestren cuándo están preparados para un contacto de ese tipo. Y cuando estén preparados, sucederá. Ahora, te diré otra cosa. Muchos contactos ya se han hecho en una dimensión levemente alterada, para amortiguar la conmoción psíquica. Pero vosotros no recordáis esos contactos, debido a que tuvieron lugar en una realidad desplazada. Porque muchos de vosotros habéis tenido contacto real, pero estáis conformados para no recordarlo, de modo que eso no intervenga ni interfiera en vuestro propio proceso de integración.

P: ¿Todo eso también ocurre durante el sueño?

R: Así es, pero ahora estoy hablando sobre contacto real, contacto físico, pero en una dimensión de la realidad levemente alterada.

P: ¿O sea que llegará un momento, en el curso de los próximos treinta años, en el que nuestros hermanos del espacio estarán entre nosotros?

R: Sí. Al principio serán pocos. Para permitir que os acostumbréis a la idea. Pero, eventualmente, alrededor del período que irá entre vuestros años 2033 y 2037, os será otorgado como planeta la membresía inicial honoraria en la «Alianza de los Mundos». Y comenzaréis a mantener verdaderas relaciones con nosotros. Así es como leemos la energía ahora.

P: ¿Qué es un trabajador de la luz?

R: Simplemente, individuos que recuerdan que están conectados a un espíritu y pueden permitir, conscientemente, que surjan o sean canalizadas a través del cuerpo las energías de vibración más elevada, para obtener efectos positivos. Para darles un uso positivo en la Tierra. Muchos niños nacidos ahora en vuestro planeta son automática y naturalmente trabajadores de la luz, porque prácticamente no han olvidado quiénes eran como espíritus. Al no olvidar esa conexión, tampoco olvidan cómo acceder a ella. Y serán los que ilustren sobre eso en vuestro planeta, cada día más, a medida que vayan creciendo.

P: ¿No son así la mayoría de los niños?

R: En ciertos sentidos, pero ahora más que nunca. Muchos de esos niños que nacieron en vuestro planeta en los últimos quince años no sólo son una nueva generación, son literalmente una nueva especie desde el punto de vista genético, y realmente tienen una mayor capacidad genética para acceder a niveles más elevados de energía. Son mejores «antenas», mejores receptores fisiológicos, por así decirlo. De modo que sí, vamos a decir que los niños siempre han tenido esa facultad, pero han sido educados para perderla. Les han enseñado a dejarla, generalmente alrededor de los tres años. Y a los siete ya están definitivamente en vuestra realidad. Pero ahora ya no tanto.

»Ellos nacen con lo que tú llamarías fortaleza interior, y teniendo ese núcleo de su ser reforzado por ciertas frecuencias genéticas, están menos expuestos a absorber los ataques telepáticos de los sistemas de creencias negativas del resto de la sociedad. Simplemente no quieren participar de esas creencias.

P: ¿Llegará un momento en que tendremos tanto poder que no tengamos que buscar o no necesitemos material canalizado nunca más?

R: Este «formato» va a dejar de existir cuando seáis capaces de acceder a vuestra propia información, sí. Nuestra labor es dejar de hacer el trabajo, mediante la enseñanza de que vosotros tenéis las mismas capacidades que nosotros y que podéis acceder siempre que lo necesitéis cuando sea necesario. De modo que estamos aquí para recordaros que no nos necesitáis, sí. Pero estamos contentos de ser vuestros amigos y de compartir con vosotros de igual a igual.

P: ¿Cuánto es lo que decidimos antes de nacer?

R: Eso depende del tipo de vida que hayáis decidido vivir. Hay almas que han determinado cada aspecto singular, pero ya no ocurre tanto. Hablando en general, sólo están decididos los aspectos generales. De quién nacerás. Generalmente, cuándo vas a nacer. Generalmente, cuándo vas a morir. Generalmente, los temas que vas a explorar. Generalmente, con quiénes tendrás amistad. Generalmente, dónde vas a existir en el planeta y adónde viajarás. Esa clase de cosas generalmente son escogidas por la mayoría de los espíritus. Cualquier otra cosa más concreta que eso es relativamente raro hoy en día, salvo que sirva a algún propósito particular como ejemplo.

P: ¿Estamos en el proceso de convertirnos en ángeles humanos o este nombre no es el apropiado?

R: La connotación que nosotros entendemos es que simplemente estáis elevando vuestra frecuencia, y eso puede ser una representación de la idea de equilibrar la noción de polaridad que existe en vuestro interior, de modo que podáis expresar sólo el aspecto positivo. Si es eso lo que deseáis llamar «convertirse en ángeles humanos», pues sedlo. Pero es simplemente la idea de elevar vuestra frecuencia, para que podáis expresaros más plenamente de una manera positiva en vuestra realidad.

P: Cuando estamos más llenos de luz, ¿adónde va la oscuridad?

R: No se va a ninguna parte, simplemente está más equilibrada. La idea, recuerda, es que el crecimiento y la elevación son producto de la integración de todo lo que eres, sin excluir nada. Es la aceptación de que todo es válido.

»El equilibrio de todo es valido para que tú simplemente puedas escoger lo que deseas expresar, sin descontar aquello que prefieres no expresar. Es la incorporación de todo, por eso cuanto más evoluciones, realmente más consciencia tendrás de más oscuridad, porque querrás integrarla y equilibrarla toda en tu interior.

»Recuerda que Todo Lo Que Es, el Único, es consciente de toda la luz y de toda la oscuridad que contiene. De manera que cuando seáis más conscientes de la luz, os volveréis más conscientes de la oscuridad. Y al permitir que eso sea una elección igualmente válida para la luz, no estaréis fortaleciendo un aspecto o el otro, o el uno por encima del otro, sino que seréis sencillamente libres de escoger lo que deseáis.

P: ¿Una clave para el equilibrio debe ser que tienes que aceptar e incluso amar la parte oscura de tu ser?

R: Sí, por supuesto. Permitir, como nosotros decimos. Aceptación, como nosotros decimos. Porque es una elección válida.

> *El crecimiento y la elevación es un producto de la integración de todo lo que eres, sin excluir nada.*

P: De manera que mucha gente encierra sus partes oscuras y trata de enterrarlas.

R: No hay sitio para enterrarlas. Cualquier cosa que quieras empujar siempre se resistirá porque no hay donde empujar nada. De ese modo es como se amplifica. Cuando tratas de juzgar algo como no válido, estás intentando empujarlo hacia donde no hay sitio para empujarlo, y retrocederá con mucha más fuerza, porque le estáis dando energía justo de la misma manera en que eleváis la energía de una corriente de agua cuando la taponáis. Y como no tiene ningún sitio adonde pueda ir, va a presionar la pared, y cuando le deis la energía suficiente, va a saltar con una fuerza multiplicada por diez y no seréis capaces de resistirla. De modo que la idea es simplemente la de permitir que sea una corriente tranquila, sin elevar su energía. Entonces podréis sencillamente escoger qué corriente de agua preferís.

P: ¿De modo que la frase «aquello a lo que te resistes, persiste»[3] es verdad?

R: Sí, y acabo de explicar la razón mecánicamente. Porque no hay ningún sitio donde sea posible librarse de nada, no hay salida.

P: ¿Por qué un alma podría decidir nacer en un sitio como Darfur? ¿Por qué querrían tener esa experiencia?

R: Una vez más puede haber tantas razones como almas hay. Contempla la idea de individuos que nacieron en circunstancias terribles. ¿Puedes imaginar efectos positivos que pudieran surgir de ello? Aquí hay un ejemplo, ha estado ocurriendo en vuestro planeta desde hace mucho tiempo. ¿Cómo sabes que será una sola persona más la que elegirá nacer en esa circunstancia, lo que motivará a algunas otras en otro sitio para asegurar que esa circunstancia nunca más se repetirá en la Tierra? Un alma puede elegir eso porque merece la pena. Si nacer en esa circunstancia realmente va a motivar que no se repita nunca más, para mí es una

---

3. La frase pertenece a Carl Gustav Jung, psiquiatra, psicólogo y ensayista suizo, clave en la etapa inicial del psicoanálisis; posteriormente, fundó la Escuela de Psicología analítica. (1875-1961).

experiencia valiosa. De manera que hace falta examinar cada caso específico, para ver por qué esa alma puede librarse de haber elegido esa experiencia, porque puede ser por variadas razones.

»Con frecuencia cuando alguien elige una vida como la que vosotros llamáis en situación de grave carencia, no es tanto que la elija por su propia experiencia. Puede que la escojan por petición de los que están a su alrededor y con los que están relacionados, como amigos o familia, para ver cómo responden estas personas a la situación. Puede ser para enseñarles una lección; sobre todo sobre algo que dicha alma necesita para no estar más en esa situación. Puede hacerlo sin amor por la familia, simplemente en términos de lo que la familia va a aprender al tratar con una persona en esa situación. Hay tantas razones como personas hay.

P: Usando esa lógica, ¿entonces gente como Hitler le habría hecho una especie de servicio a la humanidad?

R: Desde ese razonamiento lógico, sí. De nuevo, hay que entender que existe una diferencia entre aprobar la idea de perpetrar esa clase de actos y entender cómo podéis usarlos de una forma positiva. Porque es el deber que las personas tienen hacia sí mismas y su responsabilidad ante todos el no sucumbir hasta ese nivel de terror, de modo que se vean obligadas a perpetrar esos actos atroces contra otras personas. Ésa es su responsabilidad y puede que simplemente no hayan logrado tenerla. Sin embargo, el hecho de que esa clase de ser exista en vuestra realidad es parte integrante de la reflexión acerca de lo que vuestra realidad permite, y eso es un servicio para mostraros qué es lo que soportáis. ¿Es esto lo que queréis seguir soportando o queréis que cambie en el futuro? En ese sentido puede ser utilizado como un servicio. De modo que sí, en el nivel del alma puede ser visto como un servicio, aunque a nivel del pensamiento humano sea visto como una atrocidad.

P: ¿Qué ocurre después que un alma muere?

R: Principalmente, aquello que el ser cree que va a ocurrir. Eso es lo que primero se experimenta, en general. Cualquiera que sea su creencia más poderosa, o posiblemente más poderosa, es lo que el espíritu generalmente experimentará de inmediato. Pero estarán también los que están ahí para guiar, para ayudar, para abrir los ojos, por así decirlo. Para ayudar a recordarle al ser que ahora existe realmente en un estado más natural. La idea, para la mayoría de los individuos cuando mueren y se convierten en espíritus es como si una persona física se despertara de un sueño. Igual que cuando te despiertas del sueño en mitad de la noche y dices «Oh, bien, esto va a disiparse, no es real», así también un alma puede encontrarse a sí misma, un espíritu puede encontrarse súbitamente como espíritu: «Oh, éste es realmente quien soy, esto es solo un sueño».

Pero aprenderá de ello, sumará esa experiencia a su ser. Pero nuevamente depende del grado del sistema de creencias que rodean a la muerte, lo que el espíritu lleva consigo, como su capacidad de recordar o reconocer lo que de hecho se le ha cruzado por delante. Porque algunos espíritus no lo hacen. Es raro, pero algunos espíritus no saben que han muerto, por el nivel de su sistema de creencias que han albergado como personalidad física. Pero es raro. La mayoría reconocerá que algo ha cambiado y la mayoría recibirá la ayuda necesaria para reconocer qué es lo que ha cambiado. Y entonces, la mayoría recordará, de hecho, que eso es lo que son. Sabrán quiénes son como espíritus, sabrán por qué han elegido esa vida, y van a conseguir experimentar las ramificaciones y consecuencias de todos los actos que emprendieron en esa vida, de manera que puedan utilizarlos para su propio crecimiento.

P: De modo que en cierto sentido ¿volverán a sentir dolor?

R: No se experimenta de la misma manera. Pero pasarán por las mismas experiencias y por todas las consecuencias que hayan experimentado aquéllos a los que han impactado.

»Porque en espíritu no hay separación entre tú y los demás, como lo hay en un *continuum* espacio-temporal. De modo que todo aquello que tú haces y que afecta a otro, lo experimentarás desde el punto de vista de esa otra persona en espíritu.

P: ¿Y todo eso se experimenta en una fracción de segundo?

R: Desde nuestra perspectiva, en la realidad física, sí. Parece una fracción de segundo. Desde el punto de vista de los espíritus puede ser experimentado de diversas formas. Pero hablando en general, se entenderá de forma diferente y se experimentará también de manera distinta. No será experimentado de la misma manera que un ego humano experimentaría el concepto de dolor o ansiedad, pero el alma, el espíritu, experimentará la idea de las consecuencias positivas y negativas de una forma que le permita evaluarse a sí mismo y equilibrarse como lo desee.

P: ¿Si alguien cree firmemente en el infierno, experimentará el infierno?

R: Al principio, pero mira, la experiencia puede ser tan abrumadora que súbitamente se hallarán deseando no estar allí y, por supuesto, al instante ya no estarán. Porque, una vez más, no hay intervalos de tiempo en espíritu. Sea lo que sea lo que crees o deseas, en cierto momento con mayor fuerza, se manifestará de inmediato, sin ningún tiempo diferencial. De modo que, tan pronto experimenten hallarse entre las llamas ardientes del infierno, se dirán súbitamente «No puedo con esto», e igual de súbitamente saldrán de allí. Salvo que sean extremadamente insistentes o masoquistas.

P: La vida ha sido descrita como un gran juego; ¿suscribes eso?

R: Bueno, sí, depende del sesgo, como vosotros decís, que estés dándole en la palabra «juego». No en el sentido de que no contenga aspectos serios. Pero, sí, es vuestro turno, es vuestro juego, es vuestra creación, es vuestra experiencia. Depende de vosotros. Como he dicho, básicamente, la vida carece de sentido, de modo que se os da la oportunidad de darle cualquier sentido que vosotros deseéis que tenga en cada experiencia. De modo que es vuestro turno, vuestro juego. Pero nosotros no deseamos utilizar la palabra «juego», de manera que parezca frívola. Porque no lo es. Es profunda.

*   *   *

Se habían «fundido» noventa minutos. Yo sabía que a Darryl no le gustaba canalizar durante más de dos horas cada vez, porque podía ser físicamente agotador para él, de modo que yo –de mala gana– pasé a la modalidad del «acabado». ¿Tenía Bashar alguna frase sabia como despedida?

«Por ser sucinto, yo solo querría decir: "Vivid vuestros sueños… en lugar de soñar la vida". Esto puede parecer tan reduccionista como una etiqueta pegada al parachoques, o quizás como una tía bordando un cojín. Pero todo lo que ha precedido a este momento realmente ha tocado una fibra sensible en mí, lo que parece ser el remate ideal.

»De modo que agradecemos el regalo de compartir –Bashar concluyó–, porque nos habéis permitido el regalo de ver a través de todos vosotros que la creación tiene muchas más formas de expresarse a sí misma, y eso amplía nuestro conocimiento de Todo Lo Que Es. Así, nosotros os brindamos nuestro amor incondicional, nuestro profundo aprecio y un agradecimiento de corazón por la creación compartida de esta trasmisión. Y os deseamos un cariñoso y *emocionado* "buen día"».

De los pulmones de Darryl escapó el aire como un silbido y toda la parte superior de su cuerpo sufrió una sacudida. Pocos segundos después estaba frotándose los ojos, y se lo veía algo exhausto; preguntó con voz serena, «¿Adónde se ha ido?».

«Increíble –fue todo lo que pude decir–. Muchísimas gracias».

Yo sentía una extraña combinación de relajación y agotamiento, como si acabara de haber estado inmerso en un turbo *jacuzzi* durante dos horas.

Cuando le pregunté a Darryl si recordaba algo del encuentro –preguntas, dije, o cualquier otra cosa– dijo que no.

«Yo soy un canalizador que entra en trance profundo, de modo que mi consciencia literalmente se va y la suya toma el relevo. Es como si yo me deslizara en el asiento, dejando que conduzca Bashar. Algunos canalizadores, que entran en trances más ligeros, lo recuerdan todo o algo de lo que ocurre, pero yo no».

Mientras Matt guardada el equipo, no pude evitar pensar que se lo veía algo tembloroso. Más tarde reveló que la sesión apresó su atención como si una patada voladora impactara en su plexo solar.

«La energía en el cuarto era tan intensa que varias veces me encontré casi temblando y apenas si podía sostener la cámara –me dijo Matt–. Todavía estoy procesándolo todo. La información que surgió es increíble y Bashar es como una fuerza de la naturaleza».

Por supuesto que Matt había oído hablar antes sobre canalización, pero no era tan ducho en el asunto como yo, y nunca había presenciado una personalmente. «Tenía un poco de desconfianza sobre el conjunto del proyecto –admitió–. Pasé varias noches cuestionándome en lo me iba a implicar. Pero esto me alucinó. Me impactó la delicadeza y los detalles que había en las respuestas de Bashar sobre cada aspecto particular. Sin vacilaciones ni exclamaciones, ni "ehs", ni "ahhs", sin dudar en absoluto. Es simplemente increíble. Quiero decir que, o es el mejor actor que hay en la tierra o esto realmente sucede. Siento un verdadero entusiasmo por descubrir adónde nos va a llevar este viaje».

Así me sentía también yo.

Dos

Wendy Kennedy
canalizando al Colectivo Pleyadiano

Matt y yo solamente hablamos una vez en la semana siguiente, sobre un par de cuestiones técnicas. Hicimos un reconocimiento del modesto apartamento de la canalizadora Wendy Kennedy en Santa Mónica. Nunca la había visto, pero la información de su web, highfrequencies.net, me «hablaba» intensamente. La había llamado un par de semanas antes y le pregunté si quería participar en la película.

Wendy dijo que lo tenía que pensar. Me devolvió la llamada unos días después y dijo que el «Colectivo Pleyadiano», un grupo de 2500 seres altamente evolucionados que ella canaliza desde la «novena dimensión» y que habla con una sola voz, estaba encantado con la invitación. Estaba dentro.

Cuando Matt montó el equipo, tuve oportunidad de hablar con Wendy y me impresionó su actitud y su serena y centrada energía. En esa época tenía 39 años y su rostro de porcelana, sin arrugas, estaba enmarcado por rizos negros, largos hasta los hombros. Por alguna razón, yo había esperado que estos canalizadores fueran, bueno, más tontos en persona; quizás que estuvieran soplando humo sagrado sobre el cuarto, que vistieran túnicas flotantes o que manipularan calaveras de cristal. Pero esos dos primeros eran tan normales como cualquiera que puedas conocer en la tienda de comestibles. Como lo expresó Matt: «Supongo que esperaba que esta gente estuviera más cerca de los personajes de *El señor de los anillos* o algo por el estilo, pero son gente tan corriente como el resto de nosotros».

Wendy, una refugiada del mundo de los negocios, inició su viaje de canalización cuando empezó a tener visiones, del tipo «sueños lúcidos durante la vigilia», explicó. «Realmente no sabía qué estaba pasando. Incluso hubo algunos momentos en que pensé que quizás me estaba volviendo un poco loca.

»Pero confiaba en mi guía interior, que no dejaba de animarme para que examinara aquello de la canalización, algo sobre lo que realmente no sabía nada y un asunto sobre el que ni siquiera tenía interés».

De manera que siguió investigando, leyendo libros sobre el tema, y comenzó a hacer los ejercicios que los libros recomendaban. «Entonces, más o menos un año después, tuve mi primer descubrimiento con la escritura automática, que es donde tú te asientas, clarificas tu mente y dejas que la otra energía, el espíritu o como queráis llamarlo, penetre. De modo que hice escritura automática durante dos años, por mi cuenta, aunque no a diario, y ciertamente sin ver clientes ni poniendo anuncios».

La escritura, poco a poco, se trasformó en canalización verbal, y hoy Wendy tiene clientes en todo el mundo. «Ahora sé por qué vine a la Tierra, para hacer este trabajo –dijo–. Es tan satisfactorio ayudar a la gente y ahora los pleyadianos parecen ser mis mejores amigos y aliados».

Matt estaba preparado para comenzar a rodar, de modo que Wendy se sentó bajo los focos y, como a Darryl Anka, primero le pregunté sobre su propia vida antes de iniciar la canalización propiamente dicha.

Tenía curiosidad por saber si le había comentado a la familia o a los amigos tempranamente acerca de su creciente vocación. «Tuve mucha suerte –dijo sonriendo–. Recibo mucho apoyo. Mis amigos fueron muy receptivos. Y ésa es la razón por la que siempre fui muy abierta. Realmente no lo oculté, ni siquiera ante mis jefes, ¿sabes? Y siempre sentí que era realmente importante para mí ser honesta acerca de esto, porque sé cómo le impacta a la gente».

Le pedí a Wendy que diera más detalles sobre cómo empezó todo para ella, y esta vez con la cámara encendida.

«Aproximadamente hace unos quince años, empecé a tener visiones, y no sabía qué eran –dijo–, de modo que empecé a investigar sobre vidas pasadas y llegué hasta la canalización. Eso fue en los inicios de los noventa y no sabía nada sobre eso. No conocía a nadie que lo hiciera. Solamente sabía que se trataba de algo que supuestamente debía estar haciéndose. De manera que encontré un par de libros e hice algunos ejercicios y tuve respuestas auténticamente viscerales, pero realmente no pasó nada. Intenté canalizar verbalmente y sentí hormigueos en mis miembros y mis ojos se hicieron agua. Entonces probé a hacerlo periódica y atentamente, dejarlo y volver a ello, tomé una clase de meditación, hice algunas otras cosas y algún trabajo sobre mí misma. Y aproximadamente un año después empecé a intentarlo, me senté un día y simplemente supe que se suponía que debía tomar un bolígrafo y papel y comenzar a hacer escritura automática. Y así, informalmente, se desarrolló a lo largo de los años».

Wendy cree que ella no es particularmente especial ni tiene un don, y que todos realmente canalizan, tanto si lo llaman así o no.

«Todos nosotros tenemos la capacidad de canalizar –dijo–. Yo defino la canalización como introducir energía y traducirla a una forma reconocible: hablar, bailar, escribir, dibujar o cualquier otra expresión creativa. La fuente de la energía puede proceder de nuestro ser superior, nuestros guías, personas que hayamos amado en la Tierra y que hayan partido, o de otras dimensiones y realidades. Es realmente sólo una cuestión de escoger una particular frecuencia, como lo harías con una emisora de radio, subiendo el volumen».

Pero, ¿por qué ella, por qué tendría ella que recibir esa llamada única?

«Oh, definitivamente es algo que yo establecí y acepté hacer antes de encarnarme en este cuerpo –dijo ella sin ninguna duda–. He hecho un trabajo similar en otras vidas y fui perseguida, incluso asesinada, por hacerlo. Pero esta vida es muy diferente. Es realmente el Gran Cambio o como quieras llamarlo. Las personas están preparadas para despertar y ésa es la razón por la cual los pleyadianos se conectan, para ayudarnos a hacer precisamente esto. Pero ellos pueden decirte más sobre el tema», concluyó con una sonrisa.

Momentos más tarde, Wendy cerró los ojos e inspiró profundamente varias veces. Pero no mostró ninguno de los exagerados tics faciales y el histrionismo, comparativamente hablando, que había mostrado Anka. En cuanto pasaron unos segundos, una sonrisa relajó su rostro y surgió una voz alterada. Era un poco más aguda que la normal de Wendy y el acento me recordó el de una institutriz inglesa en una vieja película, algo entrecortada, pero rebosante de energía positiva.

Después de un cálido saludo, «Sí, hola querido, sentimos un gran placer de estar contigo hoy», el Colectivo explicó la razón del cambio de voz de Wendy.

*　*　*

Mucha gente se preguntará, «¿Por qué suenan como ingleses? ¿Por qué suenan de este modo o del otro?». Eso es porque trabajamos con vosotros con un lenguaje tonal. Es casi como si recibierais terapia. Habéis conseguido muchos, muchos niveles de información. Y cuando os decimos que éste es un bonito día, depositamos dentro de vuestro campo un paquete energético de datos que os dice: «Hace unos (70 ºF) 21 ºC, hay una brisa suave, las rosas están muy fragantes». Hay mucha más información. De modo que aquellos que están viendo la película o leyendo estas palabras también van a recibir esta información descargada. ¿Qué es lo primero que querrías saber?

* * *

Inmediatamente me di cuenta de que la energía pleyadiana era muy diferente de la crujiente ráfaga que emitía Bashar. Esto más bien era como tener una charla con una encantadora tía sentados en una cómoda silla y tomando una copa de helado bañado en caramelo caliente: muy cómodo y relajante.

* * *

P: ¿Por favor, podríais decirme por qué habéis venido a través de Wendy a la Tierra en este momento?

R: Parte de ello es nuestro acuerdo, es parte de nuestro contrato… y ella es realmente parte del colectivo: una pregunta que ella no se ha hecho a sí misma. De modo que es un nuevo cotilleo para ella. Y hemos venido en este momento porque no estamos contentos con la manera en que las cosas se desarrollan en nuestra realidad. Nosotros somos lo que vosotros percibís que seréis en el futuro, y hemos vuelto a nuestro pasado para poder aprender y así poder asistir al planeta, porque lo que está ocurriendo ahora va a impactar sobre todo el universo. Y nosotros realmente queremos ver cambios en las cosas.

»Existe la posibilidad de que todo sea destruido. Eso es algo de lo que no se habla porque no queremos que pongáis el foco en ello. Pero existe esa posibilidad por la manera en la que las cosas trascurren energéticamente, debido a que pueden ocurrir algunos hechos muy desafortunados, que crearían muchísima destrucción y realmente no queremos seguir ese camino. De modo que estamos aquí para ayudar a cambiarlo.

P: ¿Parte de eso ya ha sido cambiado?

R: Sí, un poquito realmente. Y vosotros os tenéis que superar en un sentido. Esto no ha sido hecho nunca antes, un planeta en el que hayan transitado seres con consciencia. Esta vez lo mejor de lo mejor va a estar en juego. Vosotros estáis siempre mirando hacia las frecuencias más elevadas, a los reinos celestiales, como si hubiera cierta jerarquía en el sitio donde hay seres que tienen más información que vosotros, que tienen más respuestas. Y os decimos que sois vosotros los únicos que tenéis todas las respuestas. Sois los únicos que estáis aquí abajo escribiendo libros, escribiendo las lecciones de cómo se hace todo. De modo que todos estamos aprendiendo de vosotros.

P: Suena raro. Quiero decir, si somos tales maestros, ¿por qué entonces hay tanta desdicha e incluso desesperación en la Tierra y tantas personas que no se dan cuenta de su maestría?

R: Eso es parte de la dualidad. No podéis tener una cosa sin la otra, y ahora habéis llegado al punto en que estáis incorporando toda la luz que habéis conseguido tener esa polaridad. Habéis llegado al otro extremo y no podéis tener una sin la otra. No podéis tener toda esa información y tanta luz entrando, sin esa oscuridad, cuando estáis aún en la dualidad de la tercera dimensión; si miráis las dimensiones dentro del particular sistema interno del universo, la dualidad atraviesa todas las dimensiones.

»Pero cuanto más elevada es la dimensión en la que os adentráis, menos extrema es la dualidad. Cuanto más baja es la frecuencia a la que llegáis, más intensa se vuelve la dualidad. Ésa es la razón por la que tenéis a tanta gente sufriendo tanto dolor. Y eso también, lo creas o no, tiene un objetivo.

¿Sabes?, desde una perspectiva más elevada, el dolor tiene un propósito. Es un catalizador para el cambio, porque si eres feliz y estás contento todo el tiempo, probablemente no te moverías, ¿no es cierto? No. De modo que actúa como un catalizador, y tenemos que decirte que el dolor es percepción, nada más. Si tú le dijeras a una persona que piensas que tiene una gran nariz, te miraría de manera extraña y pensaría «Muy bien, es un comentario raro». Y si se lo dijeras a otras, que son conscientes de sí mismas, se sentirían desoladas. Todo está en la percepción y lo que se crea interiormente en el terreno emocional. Algunas personas crean estas situaciones dramáticas para despertar, para conseguir prestarse atención.

»Cuando llegas a un nivel donde hay situaciones drásticas, ocurren porque no les has prestado atención antes. Porque has suprimido la experiencia emocional. Entonces vuelven a rondarte de forma más intensa para llamar tu atención. Porque la hermosa realidad que has creado para ti pone de manifiesto lo que te está ocurriendo a nivel emocional.

»Y como conjunto, el planeta refleja lo que está ocurriendo emocionalmente, y el planeta no está en muy buena forma ahora mismo. Habéis contaminado vuestros océanos. Habéis devastado algunos de vuestros suelos y eso también ocurre en el nivel interior. Hasta que entendáis que sois holográficos por naturaleza —que lo que sucede en el microcosmos, también le sucede al macrocosmos— nunca seréis completamente capaces de curaros a vosotros mismos.

P: De modo que, resumiendo, ¿una vez que nos curemos a nosotros mismos, seremos capaces de curar al planeta?

R: Sí, exactamente eso. Bastantes de vosotros habéis comenzado a ver y a entender eso y lo que pasa es que estáis creando una nueva versión del planeta.

P: ¿Hay una agenda fijada para eso o lo haremos como lo estamos haciendo?

R: Hay una aceleración, y vosotros la estáis sintiendo. La presión, el avance más veloz de las cosas, pero no hay más horas en el día que las que había antes. Y eso es muy cierto. No hay más horas en el día, porque el tiempo está comprimido. Porque cuando alcanzáis una frecuencia mayor y os acercáis a la cuarta dimensión, el tiempo deja de existir. Eso es el fin del tiempo en vuestros registros. Porque el tiempo dejará de existir, del mismo modo en otras dimensiones.

P: ¿De modo que cuando nosotros nos curamos, también cambia vuestro mundo?

R: Sí, claro. Eso se introduce en el tiempo y lo altera, por eso vamos a tratar de explicarlo, pero trata de no procesarlo con tu cabeza; intenta funcionar con tu corazón, porque si no le darás muchas vueltas a la cabeza. Hay muchas oportunidades, muchas realidades. Y cuando escoges una, ella cambia otras probables realidades. Porque todas residen unas junto a las otras. Nosotros hemos escogido situarnos en una que está muy desequilibrada. Igual que vosotros, no queremos aburrirnos, nos gustan los desafíos…, de modo que aquí estamos. Queremos cambiar cosas, y cuando vosotros cambiáis, nosotros aprendemos las lecciones. Por ejemplo aprendemos sobre compasión o integración de la dualidad.

»Hay algunas buenas lecciones que hemos aprendido de ahí abajo. Hemos aprendido de vosotros lo que eso significa, porque habíais estado tan inmersos en la energía oscura y habéis salido de ese sitio de tanta oscuridad, que aprendisteis algunas lecciones tremendas durante el proceso. Pero es muy difícil para vosotros verlo, porque estáis en la mitad de éste. Por eso decimos que sois realmente los maestros, pero no podéis verlo porque estáis en ello.

P: ¿Por qué hemos decidido mantenernos durante tanto tiempo en la oscuridad y la dualidad?

R: En el marco del gran esquema es un parpadeo. Hay muchos niveles y estratos relacionados con eso. Ha habido humanos que han estado en otros sistemas estelares. Hay otras especies no humanoides que se han encarnado. Una de las leyes universales es que vosotros sois holográficos por naturaleza, y eso se traduce como «tal como es arriba, es abajo». De modo que si pensáis en Estados Unidos como un crisol, todos los conflictos que atravesáis como país, con vuestros prejuicios, eso ocurre fuera en la galaxia. No todo es luz y aire. Hay un montón de conflictos fuera también, y eso es parte del juego.

P: ¿Es el único juego en el que participar, el de la luz y la oscuridad con conflicto y guerra, o hay otro juego que consideraremos más atractivo cuando progresemos?

R: Hay montones de versiones distintas del juego. Depende de las cosas en las que te quieras centrar. Quizás aprender a reestructurar la materia, de modo que puedas crear una estrella o un planeta. Hay gente que está trabajando en ello. Pero incluso dentro de los sistemas de dualidad que tenéis, hay reglas básicas para el universo y su funcionamiento. De manera que en este universo se trata de la dualidad. En otros universos puede haber singularidad o multiplicidad. Hay sistemas ternarios. Es muy difícil para nosotros explicar esto porque todos vosotros queréis procesarlo con el cerebro y estáis inmersos en la dualidad y sencillamente parece extraño.

P: Sois un colectivo de 2500 seres; ¿cómo os ponéis todos de acuerdo sobre algo?

R: No siempre estamos de acuerdo al 100 por 100. Pero lo que somos capaces de hacer es entender y conectar con el otro, para acceder realmente a su punto de vista y ver de dónde procede su perspectiva. De modo que en cierto sentido es empatizar. No siempre estamos de acuerdo, pero se decide por mayoría. Y vosotros habéis tenido muchos seres que están llegando, y oiréis hablar de un montón de concejos y federaciones. Es un paso hacia la consciencia colectiva, pero que todavía funciona físicamente. Nosotros estamos en un nivel más alto que ese; muchos de nosotros han atravesado el proceso físico, pero siendo capaces de conectar energéticamente. Vosotros estáis siempre conectados a un colectivo, porque siempre estáis conectados a la fuente y la fuente es el colectivo entero.

P: ¿Cómo diríais, en general, que está actuando la humanidad en relación con el proceso de ascenso?

R: Muy bien. No es fácil y lo entendemos. En su mayor parte lo estáis haciendo mejor de lo que la mayoría de nosotros esperábamos. Vuestro (9/11) 11 de setiembre ha creado un nivel completamente nuevo. Existía la posibilidad de que ese hecho generara un montón de ira, de desconfianza, muchas represalias, y un montón de respuestas inferiores, pero en lugar de ellos muchos de vosotros respondisteis compasivamente. Y eso alteró drásticamente vuestro registro temporal.

P: Pero nuestros líderes todavía nos llevan a la guerra.

R: Sí, bueno, allí se desarrolla otro juego, querido. Hay otros seres que están manipulando y controlando los sucesos en el planeta. Ellos también tienen intereses creados, y estamos hablando sobre los extraterrestres. A pesar de que no son humanos, al haberse encarnado en la Tierra, son humanoides. No son reptiles. Muchos de los reptiles acerca de los que has oído hablar son pleyadianos. Asimismo, hay reptiles de otros sistemas estelares, pero ellos son sus representantes. Han sido proyectados para generar terror. Porque vosotros estáis protegidos, aislados. Vuestra historia ha sido rescrita para que no recordéis quiénes y qué sois realmente, para que podáis ser utilizados. Cuando aparece la idea de alguien que no es humano, eso os asusta porque pensáis que vosotros sois lo único que existe.

P: ¿Cómo controlan los extraterrestres a los líderes?

R: En parte a través de las líneas genéticas. Esto es porque hay memoria genética de estar conectados, controlados y de ser manipulados. No todos han sido controlados, *per se,* pero están tan atrincherados en ese juego, consumo y poder, que es su modo de funcionar. De manera que puede que no sepan que están jugando, tal como sucede. Pero hay seres que están conectados con esos extraterrestres, si quieres, que conocen la verdadera historia y reciben ayuda de ellos. Pero no son los que están al frente.

P: ¿Los extraterrestres van camino de marcharse de la Tierra?

R: Hay múltiples versiones de la Tierra que han comenzado a separarse. Ahora mismo existen una encima de la otra y todas ellas tienen diferentes bandas de frecuencia. Si te acercas más al 2012, esas bandas y frecuencias cada vez son más distintas una de la otra; lo que va a determinar a qué versión ascenderéis, es allí donde estéis vibrando.

»Eso es porque están los que van a entrar en la cuarta dimensión y los que lo harán en la versión tridimensional, para llegar tan lejos como puedan. Es realmente un asunto de gamas de frecuencia, y cuando habláis de extraterrestres, lo que realmente estáis diciendo es, «¿En qué banda están?». Pero os vamos a decir que es muy importante que los extraterrestres atraviesen el proceso de ascensión con vosotros, porque ellos están interpretando el papel de la oscuridad. Vosotros necesitáis a alguien para cumplir esa función y ellos lo han hecho, por lo que han estado en la oscuridad durante muchísimo tiempo.

> *Hay múltiples versiones de la Tierra que han comenzado a separarse (...). Ahora mismo existen una encima de la otra y todas ellas tienen diferentes bandas de frecuencia.*

Piensa en ello de esta manera. Piensa en lo que sentirías si nunca hubieses amado, o lo hubieses hecho, pero hace tanto tiempo que fueras incapaz de recordarlo. Es bastante trágico, y ahí es donde ellos están. De modo que más que temerlos o enfadarnos con ellos, nuestra meta es no infundirles miedo. Se trata de entender su posición. Y de encontrar el punto de compasión, como se hace con un niño. Ellos también necesitan ser devueltos al amor y saber qué es el amor, y eso es parte de la manera en que están involucrados en el proceso de ascenso. Porque ellos también han llegado a un fin de ciclo. Han cumplido su función, su dura función, y también necesitan aclarar su energía.

P: ¿Ellos son conscientes de esto?

R: No del todo. Están muy atrapados en las frecuencias bajas. Por eso están usando el planeta y sus recursos naturales, y por eso generan tanto miedo. Vosotros tenéis la capacidad de tocar la frecuencia del amor. Tenéis la habilidad de abrir vuestro campo energético a la fuente de la energía. Ellos, sin embargo, están tan inmersos en el miedo, la ira, el castigo y el control del poder que no tienen acceso al sentimiento amoroso. De modo que lo que hacen es acumular toda esa energía de baja frecuencia, y eso les permite abrir los portales de las dimensiones.

P: ¿Y su «poder» procede, esencialmente, del hecho de que nosotros se lo concedemos?

R: Sí. Eso es por lo que han creado ese juego que os mantiene atemorizados. Ése es uno de los niveles. Ellos alimentan el miedo. Su otro juego es manteneros ajenos al recuerdo de quiénes o qué sois verdaderamente, de modo que no juguéis en un cajón de arena distinto con vuestros propios juguetes.

R: Pero a pesar de eso, recordamos.

R: Sí, y ellos están muy nerviosos, porque eso es lo único que saben. De manera que están haciendo un esfuerzo para prevenir que las cosas cambien. No estamos diciendo que sean todos los extraterrestres; eso sería como agrupar los sentimientos de todos los terrícolas. Es este grupo en particular el que ha decidido oponerse al cambio.

P: ¿Cuándo sentimos codicia o energía negativa estamos bajo su influencia, o son cosas nuestras?

R: Ambas cosas. Vosotros sois participantes voluntarios, de manera que estáis en el juego. Ellos lo inician, de modo que vosotros jugáis su juego. Pero vosotros podéis desconectaros y crear vuestra propia versión del juego.

P: ¿Tenéis algún consejo práctico para que la gente pueda elevar su frecuencia y hacerlo más suave y fácilmente?

R: A nosotros siempre nos gusta la pregunta, «¿Qué es lo que he venido a hacer aquí? ¿Cuál es mi función?». Y os diremos: sólo para vivir la vida. Si vosotros queréis clarificaros y ascender, se trata simplemente de dirigir vuestra vida y echarle una mirada a lo que estáis creando, a lo que tenéis delante. Como hemos dicho antes, la realidad física refleja totalmente todo lo que necesitáis saber; entonces, ¿estáis prestándole atención? ¿O tenéis los ojos cerrados? Trabajar sobre vosotros mismos es el mejor regalo que podéis ofrecerle a la humanidad.

Trabajar sobre vosotros mismos es el mejor regalo que podéis ofrecerle a la humanidad.

»Y esto suena tan egocéntrico y tan negativo porque habéis sido condicionados así. Si entendéis que sois holográficos por naturaleza y lo tenéis claro, será mucho más fácil que otros también consigan aclararse. Hay mucha fuerza en eso. De modo que si queréis evitar que alguien acceda a su propio poder y ayudar a curar el planeta o ayudar a curar la consciencia masiva, tenéis que decirle que es muy egoísta por su parte mirar a su propio interior.

»Entonces, ¿qué podéis hacer? Fijaros en vuestros asuntos. ¿Dónde están siendo apretadas vuestras clavijas? ¿Dónde sentís temor? ¿Dónde sentís que os echáis atrás? Y ésos son los sitios que tenéis que mirar. Podemos decir que hemos descubierto que hay diversas modalidades de curación, que son mucho más poderosas, y también que vuestras modalidades comenzarán a cambiar radicalmente. Entre tanto y hasta ahora habéis tenido vuestro reiki, vuestro sekhem y qijong, así como vuestras imposiciones de manos. Y eso es maravilloso. Es muy bueno para las masas, es una manera muy suave de empezar a desentrañar las cosas.

»Pero también os diremos que es tiempo de subir la apuesta. Estáis desfasados. No lo decimos para que os sintáis presionados, pero las cosas van a empezar a acelerarse. Por lo que tenéis que ser capaces de moveros muy rápidamente. Lo que antes os llevaba varios años, en adelante os llevará varios días o varias horas. Vais a tener un montón de asuntos fundamentales emergiendo a la superficie. No es que haya un error o que estéis haciendo algo erróneo, es parte del proceso clarificador para que podáis entrar en frecuencias más elevadas, sin cargar con el equipaje de la tercera dimensión. Y queréis tratar con eso ahora, porque será mucho más duro para vosotros que os ocupéis de ello más tarde, porque se manifestará inmediatamente y será una manifestación de mucha más intensidad.

»De modo que cuando hayáis pasado al nuevo ciclo, en un período de aproximadamente ocho meses se producirá un crecimiento equivalente al de unos cincuenta años. Y si piensas que será intenso, el que venga después tendrá una duración de varias vidas de valioso crecimiento en un período de seis meses. Os preguntaréis cómo seréis capaces de ascender todos; parece como si hubierais caído muy profundamente y hace ya mucho tiempo, pero podemos deciros que tendréis apoyo y que el tiempo pasará raudo, de modo que os moveréis muy, muy rápidamente.

P: ¿Cuáles son algunas de esas modalidades de curación?

R: El trabajo con tonalidad y sonido es una de las más potentes, la más poderosa, y por distintas razones. Una es que la voz humana conlleva una ola emocional que se trasporta. Si el sanador está en un espacio de amor incondicional, esa ola de trasporte emocional lo acompaña. De modo que cuando trabajas con tonalidad y sonido, a la vez que con armonía, lo que ocurre es que la nota comienza a elevar su vibración matemáticamente.

»Y cuando llegas más alto, comienzas a moverte en otras dimensiones y eso despejará el espacio y hará sitio en múltiples dimensiones. Por eso tonalidad, sonido y armonía son tan increíblemente poderosos: porque funcionan a través de múltiples dimensiones. Y la gama emocional que acompaña al cuerpo se eleva hasta la sexta dimensión. De manera que no sólo estás despejando tu cuerpo físico; también estás trabajando con tu cuerpo emocional, que acarreas contigo. Cuando incorporas instrumentos, es como tener otra capa de filtros, es algo más que la energía que tiene que trasmitir para llegar a ti. No obstante, es posible que se trasmita un montón de energía y cosas positivas sin eso, pero no de manera tan potente.

»La otra modalidad es trabajar con la respiración, que trabajes con ella. Porque hay diferentes tipos de respiración. Igual que cuando soplas sobre una llama, hay diferentes maneras de soplar para conseguir distintos efectos. ¿Quieres que la llama arda muy alta y emita mucho calor o qué quieres que haga la llama? La respiración funciona energética y físicamente. Aviva tu campo energético, permitiendo que emerjan cosas a la superficie, para que puedan liberarse. El cuerpo emocional genera el patrón físico.

Toda enfermedad, sin excepciones, se inicia en el campo emocional. Si es una mutación genética, comienza en el campo emocional y también algo que te ha sido legado generosamente por alguno de tus ancestros. Ellos tenían una gran emanación emocional, todo un bloque, y eso altera el material genético y se hereda por línea genética. Eso también puede ser alterado. Si puedes despejar tu campo de ese material, puedes despejar la línea genética. Te despejas emocionalmente; el patrón físico responde entonces al cambio en el emocional. De modo que, si hay toxinas encerradas en las células de ese bloque del campo energético, se liberan y el oxígeno ayuda a cambiar esas partículas en todo el cuerpo.

Toda enfermedad, sin excepciones, se inicia en el campo emocional.

P: ¿Y entonces ya también habrá nuevas modalidades?

R: Sí. Cuando algunos de vosotros comencéis a saber cómo moveros de manera multidimensional, podréis retroceder y trabajar multidimensionalmente a través de los cuerpos energéticos. Cuando estéis trabajando y despejando las cosas, extrayéndolas de vuestro cuerpo, estaréis despejando no solamente este período vital, sino también otros. Cada experiencia de esos otros aspectos se refleja en vuestro campo energético. Sois bibliotecas andantes. Vuestra vida está enteramente depositada en vuestro campo energético. De modo que todos aquellos asuntos que en otras vidas no quisisteis abordar o habéis suprimido se ven en vuestras auras.

»Lo que ocurre es que a veces hay problemas en vuestras vidas que están en consonancia con problemas iguales de otra vida. Puede ser una cuestión de egoísmo. Y cuando entráis en ello, ambas vibran juntan y se intensifican, y a veces tendréis recuerdos de vidas anteriores. Suelen emerger para reclamar vuestra atención, porque algo en vuestras vidas tiene esa consonancia y comienza a vibrar. De modo que podáis ver y clarificar la cuestión. Es un círculo en el que haces limpieza a nivel personal, y luego comienzas a limpiar todo el resto, todos esos bloqueos de vidas anteriores y de la línea genética. Tanto si es justo como si no lo es, habéis escogido que ésta sea la vida que os lleva al proceso de acabar con todos los asuntos pendientes. Es el estado de consciencia que llevará al cuerpo hasta la cuarta dimensión y vosotros queréis dejar la casa limpia. De modo que es importante.

»Muchos de vosotros preguntaréis: «¿Qué papel tienen las vidas pasadas?», y os diremos que uno muy importante. No son realmente vidas pasadas, sino convergentes. Y si estáis trabajando sobre ambas, os despejaréis energéticamente en ambos cuerpos emocionales. Eso es suficiente para girar la cabeza. Muchos de vosotros, los que habéis despertado por un rato y comenzasteis a despejar otras vidas, también comenzasteis a tener más recuerdos, porque habéis accedido a aquellos niveles más profundos de vuestro campo emocional que realmente necesitaban ser despejados;

la última etapa, por así decirlo. Y a eso se debe que haya sido tan larga la respuesta a tu pregunta.

P: ¿Es verdad que en esas vidas pasadas o convergentes, realmente lo hemos hecho todo? ¿Qué hemos sido asesinos, monjes, mujeres, hombres?

R: Sí. Hay muchos a los que les gustaría pensar que no fueron más que luz, pero debemos decir que: Uno, ¿cómo de aburrido es eso? Y dos, fuisteis ambas cosas. Para aquellos de vosotros que sois extraordinariamente luminosos, ¿adivina qué? Habéis tenido vidas extremadamente oscuras. Probablemente habéis cometido actos tremendamente ruines. De manera que es duro. Parte de vuestro «movimiento *new age*» quiere ser todo luz y todo felicidad, y a eso os decimos que esta vida no es eso. Porque hay prejuicios en ella. Y la idea aquí es que os liberéis de todos esos prejuicios, todos esos juicios sobre la oscuridad. Porque no podéis tener la una sin la otra.

»Es otro tipo de actitud. Hay algunos que quieren penetrar en este espacio y decir: «Ohhh, soy sólo luz, no he tenido vidas pasadas oscuras». Y debemos deciros que es precisamente lo opuesto. Porque habitualmente hasta que no hayáis encarado la oscuridad o alguno de sus aspectos no conseguiréis tener la capacidad de trabajar también en la luz.

P: Hay montones de personas que puede que no hayan oído hablar sobre la canalización y pueden decir que este tipo de comunicación es imposible. ¿Qué les diríais?

R: Les diríamos que es bastante similar a vuestras emisoras de radio. Todo tiene que ver con la energía, todo está relacionado con la frecuencia. Nada más y nada menos. Y vosotros sois los receptores, vosotros sintonizáis eso. Justo cuando vuestros ojos son capaces de interpretar las ondas de frecuencia y enviarlas al cerebro, esto no se diferencia de las emociones. Y eso es lo que os enviamos. Emociones, información sobre una onda trasmisora, en una frecuencia. Pero vosotros sois los que tenéis que hallar la emisora, y subir el volumen. Ahora mismo, la mayoría de vosotros lo habéis bajado. Todos y cada uno de vosotros tenéis la capacidad para canalizar. Lo hacéis cada día, pero simplemente no os dais cuenta de que lo hacéis. Trabajáis con vuestra alma superior, con vuestra consciencia superior, trabajáis con vuestros guías, con vuestros seres queridos que se han ido. Es lo mismo que sucede con los rayos ultravioleta: que vuestros ojos no puedan verlos, que no podáis percibirlos, no significa que no existan. Esas frecuencias están aquí, aunque puede que no os hayáis dado cuenta, así de simple. No estáis interpretando la señal.

»Entonces, ¿cómo se interpreta una señal? Uno, despejando la estática que hay en la línea. En otras palabras, despeja la estática que hay en tu cuerpo. Clarifica algunas de las frecuencias bajas que te impiden oír, y así es como aparecen más y más canales, porque están clarificando sus campos energéticos. La gente sube su frecuencia y así es mucho más fácil conectar con el otro lado. Si estás observando a alguien psíquico, ellos están golpeteando en registros akashicos y realidades probables. Ésa es una emisora. Otra es los seres queridos que se han ido. Vuestros ángeles y guías, es una más. Y aquí estamos nosotros, vuestros extraterrestres, en el otro extremo.

»Hay un batiburrillo de emisoras que escuchar, asuntos que probar, montones de seres que se quieren comunicar. Algunos de ellos son vuestras «familias», vuestras estrellas familiares que trabajan por la noche con un buen número de vosotros. Cuando habéis dormido mucho y estáis cansados al despertar, es porque habéis estado ocupados trabajando. Habéis estado fuera de vuestro cuerpo, trabajando para obtener información. Y algunos de vosotros informáis posteriormente: «Esto se parece a lo que sucede en la Tierra». Podéis estar en un podio dirigiéndoos a las masas en otros planetas. Podéis estar haciendo una comprobación y explicándole a cada cual lo que está ocurriendo. Porque, como sabes, no todos consiguen llegar.

P: ¿Cómo se comunica uno efectivamente con un pariente muerto?

R: Bien, primero te diremos que debes cercar a tu ser y protegerlo con una hermosa luz blanca, y relajarte. Lo más importante es que aparece la ansiedad, habitualmente surgen recuerdos de dolor y abandono, también de desconexión, lo que impide la conexión. Si puedes relajarte y visualizar esa conexión eterna que tienes con otros seres, lo tendrás más fácil y te elevarás hasta frecuencias más altas. Te facilitará mucho la comunicación, y podrás oír, porque estarás limpiando la estática de la línea. De modo que si puedes despejar tu propio campo energético, sintiendo amor incondicional, rodeándote de paz, luz blanca y amor, pide ayuda a los seres de la luz más alta y amor, a todos los demás que están ligados a ti y sé muy claro acerca de eso. Y entonces, imagina esa conexión. Oye esa conexión.

»Has sido condicionado para no recordar esa conexión, has olvidado cómo es, puede que al comienzo se parezca mucho a tu imaginación. Pero entonces, como siempre te decimos, «de todas maneras, ¿qué es tu imaginación?». Es otra de las cosas que hará que tu cabeza dé vueltas. Y aunque al principio puede parecer un producto de tu imaginación, se trata de la conexión inicial. Comenzarás a subir el volumen y a sentir cambios sutiles en tu propio cuerpo, que no eres sólo tú, que no es sólo tu «imaginación». Comenzarás a conseguir la confirmación. Tus guías y seres del otro lado son tu grupo de apoyo más importante. Quieren que tengas éxito, de modo que lo intentarán una y otra vez para asegurar que consigas la información.

P: ¿Cuántos guías tiene una persona, por lo general?

R: Realmente depende del alma, pero si estás hablando de los guías que están contigo a lo largo de múltiples vidas, como estáis en un sistema de dualidad como el que habéis fundado, tenéis dos. Dos guías principales, y entonces trabajáis con otros con los que habéis establecido contratos y que nosotros también consideramos guías.

P: Supongo que comunicarse con ellos puede ser similar a comunicarse con un pariente fallecido, ¿es así?

R: Es precisamente lo mismo. Tú sencillamente lo visualizas y tienes claro que quieres conectar con él. Una de las mayores cosas que impide a la gente conectarse es *pedir*.

»Todos vosotros habéis olvidado cómo pedir lo que queréis. Eso es algo importante. No siempre damos información, tenéis que pedirla. Porque cuando pedís, estáis buscando conscientemente, estáis diciéndole al universo, «Esto es lo que quiero». Y hasta que preguntéis por eso, no se sabrá.

Vuestros pensamientos crean formas, pero es vuestro estado emocional el que las hace vibrar en el ser.

Vuestras emociones son el motor de la creación.

P: De modo que si se quiere tener más dinero en la vida, pero siempre se siente ansiedad por él, ¿ese miedo puede alejarlo?

R: Sí, porque la señal que estáis enviando a nivel emocional es «Tengo miedo de ello». Puede que lo hayáis pensado una o dos veces, que sintáis como si lo quisierais, pero constantemente existe un temor subyacente. Ésa es la señal que está siendo enviada. Y todo eso desemboca siempre en una sentencia. Estáis esperando un veredicto de algún tipo. Puede ser lo que representa el dinero. Si es «los ricos son corruptos», entonces ésa vuestra manera de pensar. Ya teníais un dictamen sobre eso. También puede que tengáis un veredicto acerca de que no os lo merecéis. Hay montones de razones diferentes del porqué, de dónde puede estar el núcleo del asunto, y particularmente cuando habláis de dinero, si se observa a la humanidad, habitualmente hay múltiples razones. Habéis sido condicionados y ya habéis tenido lo suficiente como para desconectar de la consciencia de masas.

P: Cuando surgen los veredictos y las cuestiones cruciales, ¿cómo los aclaras?

R: Una de las cuestiones es no juzgar. Se trata de ver cómo puede ser útil esa situación. Cuando puedes ver qué has aprendido o por qué se ha presentado cierto asunto, entonces puedes emitir tu juicio sobre eso. Permite que te demos un ejemplo. Si le tienes miedo al poder, te involucrarás en situaciones en las que probar cuál es tu poder o si otros pueden subyugarte, de modo que puedas aprender que dispones de tu propio poder personal. No hay víctimas en esto. Sólo participantes voluntarios. De modo que cuando eres el receptor del dominio ajeno, en otras palabras, cuando permites que otros te subyuguen, en el momento en que impides que siga siendo así, compruebas que tú tienes poder.

»De modo que el asunto es como tú lo establezcas. La realidad te demuestra que tienes poder. Y entonces tienes que aclarar su núcleo central, de por qué te asusta utilizar el poder que tienes. El incidente en sí mismo sólo es un catalizador, una oportunidad para que mires en tu interior. Y cuando consigues reconocer lo que significa, pierde su carga. Si puedes comenzar a entender que los demás están cumpliendo esa función, también puedes verla en ti mismo, ellos lo reflejan para ti, están a tu servicio, y eso cambia la dinámica de las relaciones. No seguirán dominándote, sino que habrán aceptado, en el nivel del alma, que han sido «contratados» para servirte. Para estar a tu servicio, para ayudar a reflejarlo en ti. Y eso crea una muy diferente respuesta emocional y neutraliza la carga. Altera la frecuencia.

P: ¿Ese escenario podría aplicarse a alguien como Hitler y las personas que envió a los campos de concentración?

R: Eso es hablar de un evento mayor, pero sí. Como consciencia de masas, para alterar esa percepción de quiénes eran y qué consideraban importante. Ése ser que fue Hitler aceptó estar al servicio de ese colectivo, de ese grupo, de esa línea genética. Y es muy duro para la gente verlo así. Es algo muy duro para ellos comenzar a perdonar. Y entonces vuelve a ponerse un velo y como el velo está puesto aquí y allí, no lo recordáis todo. Porque eso ya se desarrolló antes en formas más dramáticas que crearon más conflictos de los que hayan ocurrido en este planeta, que son difíciles de imaginar porque vosotros tuvisteis mucho derramamiento de sangre, mucho dolor. Todo el sistema estelar fue destruido.

Todo eso está almacenado energéticamente en vuestro interior, y también está almacenado en vuestra línea genética. Es parte de lo que ellos quieren curar. De modo que quieren volver a pasar por la experiencia para hacerla emerger, igual que hacéis vosotros ahora a nivel personal cuando trabajáis los hechos ocurridos en vuestras vidas y comenzáis a aclarar vidas pasadas.

P: Todo es bastante complejo, pero en cierto modo también se percibe como algo sencillo.

R: Sí, realmente es mucho más fácil de lo que imaginas. El universo es un sitio bastante simple. Pero la mente, el intelecto, lo hace mucho más complejo.

P: ¿Para transitar el camino por el universo, qué es lo básico que una persona tiene que saber?

R: Uno es que tienes libertad de acción. Dos, que únicamente hay participantes voluntarios. No hay víctimas. Entonces podéis crear vuestra realidad. Podéis desconectar de la consciencia masiva y generar una realidad aparte. Y todo es una ilusión; todo lo es. Tú eres un ser inmortal que ha escogido proyectarse en este escenario. Es algo así como ver una película: una ilusión. Es como ver una obra de teatro, actores a los que se les ha dado un papel. En una improvisación hay cosas que ellos tienen que bosquejar y después hacerlas. Comienzan moviéndose por el escenario. Eso es lo que vosotros estáis haciendo aquí abajo.

P: Entonces, si uno quiere modificar su realidad, ¿qué es lo que, básicamente, necesita hacer?

R: Comienza trabajando tus miedos, encarándolos. Tú sabes cuándo has tenido miedo. Muchos de vosotros estáis alerta de ellos y decidís: «Sabes, realmente no quiero ver eso». Y entonces no lo hacéis. Sabes de lo que estamos hablando, hay momentos en que estás en tensión y eres consciente de ello. De modo que es una elección. La sociedad te dirá que tienes que hacer X, Y y Z, para conseguir cierto resultado en particular y nosotros diremos es que no es cierto. Lo que tiene que ocurrir es que tu estado vibracional tiene que estar alineado.

Siempre decimos que es un poco como situarte en orden con el universo, si quieres. Subes las escaleras hasta la azotea del edificio y arrojas tu búmeran hacia el universo. Ésa es tu orden. Has llevado tu frecuencia hasta un nivel más elevado. De modo que estableces tu orden y entonces comienzas a preocuparte. «Todavía no ha vuelto, debe de ser que no lo merezco, no voy a conseguirlo». Y como te sientes abatido, desciendes un par de plantas. Bien, entonces la orden vuelve y tú ya no estás en la azotea. Has abandonado el nivel de frecuencia en el que situaste tu orden. De manera que se trata de que consigas mantenerte en el radio en el que has situado tu orden. Así es como funciona.

P: ¿Qué es lo que haces con esas inquietantes dudas que aparecen cuando estableces tu orden? ¿Está eso relacionado con el temor?

R: Sí. Usualmente, es confiar en el universo. Confiar en que puedes tener lo que deseas. ¿Y de dónde procede la idea de que no puedes tener todo lo que deseas?

P: Padres, maestros, religión.

R: Sí. Bien, tú sabes que tus padres lo organizaron todo para ti. Todos los obstáculos, y ésa es la razón de que los escojas. Todos esos condicionamientos. Ellos te ayudan a crear los obstáculos a través de los cuales tienes que moverte. Eso es parte de la alegría de ser padres. Y vosotros hacéis lo mismo con vuestros hijos.

P: Entonces, ¿no deberíamos sentir ningún resentimiento hacia nuestros padres?

R: No, sabéis muy bien en qué os metéis. Vosotros elegís. Conocéis todos los detalles, todo su sistema de creencias del que vosotros os habéis hecho cargo. Sin excepción. No hay razón para culparlos. Nuevamente, no hay víctimas, solamente participantes voluntarios.

P: Estos días se habla mucho de la ley de la atracción, ¿cuál es vuestra idea sobre eso?

R: Debemos decir que el pensamiento crea formas. Pero el estado emocional lo hace vibrar en vuestro interior. Cualquier cosa que exteriorices emocionalmente, lo volverás a recibir energéticamente. Y debido a que la realidad física refleja la emocional, si las cosas que exteriorizas son de frecuencias más bajas, lo que recibirás en el terreno físico son las bajas frecuencias, los eventos que están en sincronía con dicha vibración. Una vez más, todo tiene que ver con la energía y tú estás en consonancia con esa vibración, con ese índice de vibración. Hay muchos seres ahí fuera hablando sobre la ley de la atracción, y a nosotros nos alegra mucho ver que eso ha alcanzado la consciencia masiva.

»La próxima ley que vais a comenzar a comprender es que sois holográficos por naturaleza. Tal como es arriba, así es abajo. Cuando realmente lo hayáis entendido, será cuando podréis hacer cambios importantes en el planeta. Digamos que el calentamiento global no lo ha producido la humanidad, no hasta el nivel en que os lo han dicho. Es parte del proceso natural de ascenso. También vuestro Sol está atravesando por un proceso. Y una vez dicho esto, nosotros sentimos que es importante que comencéis a trabajar en armonía con el planeta y con otros seres de éste, las otras especies que viven en él.

Lo más nocivo que le hacéis al planeta es generar emociones negativas.

Si observáis el estado de salud de los individuos de este planeta, veréis que no es muy alto. Y debido a que sois holográficos por naturaleza, ¿lo adivinas?: igual, ni más ni menos, lo son los planetas. Ahora mismo hay mucha toxicidad. Porque los seres son tóxicos, una gran cantidad de sus pensamientos son muy tóxicos.

»Pero estáis cambiando. El planeta trata de mantenerse, trata de despejarse y crear un equilibrio, y a veces eso supone que se produzcan eventos dramáticos: pueden ser erupciones volcánicas, maremotos o terremotos. Todos ellos son las formas que tiene el planeta de procesar la energía emocional que vosotros generáis y liberarla, trasmutarla. Igual que vosotros podéis generar un resfriado en vuestro organismo. El resfriado sencillamente ayuda a procesar la energía y extraerla del cuerpo.

P: Estoy un poco confuso sobre la cuestión. Dices que la oscuridad es tan necesaria como la luz, pero que los pensamientos negativos causan toxicidad. Entonces, ¿cuál es la función de los pensamientos negativos?

R: Sirven para que os liberéis. Hay cierta opinión, muy extendida, que crea los pensamientos negativos. Incluso en algunos pensamientos «luminosos», se mantienen los prejuicios. Pero nosotros enfocamos el otro extremo, más a menudo, debido a la frecuencia. E incluso cuando estáis teniendo pensamientos «luminosos», eso puede ocurrir en relación a cómo os sentís con los demás. Puede que tú seas alguien que está trabajando para aclararte, pero estás juzgando a otros que no están haciendo lo mismo. Ese «Mi manera es la mejor. Mira que bueno soy. Mira lo bien que lo estoy haciendo con mi particular manera de comer». Ahí están contenidos una gran cantidad de prejuicios, y eso no es sano. Cuando hablamos sobre la negatividad, sobre emociones, es más una baja frecuencia que una frecuencia negativa. Quizás tengamos que reformular eso para vosotros. Lo que tratamos de alterar es la más baja frecuencia.

P: ¿Cuál es vuestra definición de Dios?

R: Amor. Fuente. Pero esa palabra tiene muchas connotaciones y, desafortunadamente, muchas de ellas negativas para este planeta, por cómo habéis sido condicionados por la religión. Os han vendido un montón de mentiras. Pero también hay mucha verdad en ello. Y vosotros sabéis que si queréis que la gente crea en algo que estáis vendiendo y que no es cierto, tenéis que aderezarlo con una pizca de verdad, porque si le contáis a alguien una mentira descarada, sabrá que le estáis mintiendo. De modo que tenéis que tratar con muchos condicionantes. A la vez hay un montón de cosas que han sido alteradas y trasmutadas en esta época. Habéis descubierto algunas cosas sobre vuestros líderes religiosos, también sobre la religión, que sencillamente no os parecen ciertas y que ya nunca más os sonarán como verdades. Porque os estáis apartando de ese concepto. Estáis avanzando en dirección a un estado multidimensional, en que recordáis quiénes y qué sois y eso no necesita de intermediarios.

P: Dado que somos seres inmortales, ¿por qué hay tantos humanos que temen morir?

R: También eso nos retrotrae a los condicionamientos. Es así precisamente como se ha montado el juego. Pero cada vez hay más y más de entre vosotros que estáis despertando y recordando que sois seres inmortales. De modo que eso está cambiando.

P: Quiero saber si podéis darnos alguna información general sobre en qué debe consistir la dieta humana.

R: Es muy sencillo, como en todo, volvemos a la cuestión la energía. No hay una dieta correcta o equivocada a seguir. Depende de lo que tu organismo necesite en determinado momento; porque al estar atravesando este proceso, se generan ciertas necesidades químicas. De modo que llevar una dieta completamente vegetariana o completamente vegana no siempre es lo apropiado. Si no estás preparado para tratar con un asunto emocional, los cambios en tu dieta pueden no ser buenos. Cuando comienzas a comer de forma saludable, comienza a aligerarse tu frecuencia. Entonces ya no estás bloqueado y las cuestiones emocionales emergen a la superficie. De modo que si no quieres tratar con esos asuntos, no debes comer saludablemente. Si sientes que tomar algún alimento es insalubre o va a generarte una respuesta negativa.

»En otras palabras, piensas que engordarás si te comes una galleta por lo que estableces una pauta de privación, y eso hará que se deprima tu sistema. Cuanto más tiempo se mantenga, más daño energético te causará. Si tú realmente tomas esa galleta, te costará menos energía procesarla y eliminarla de tu organismo, y también le llevará menos energía al propio organismo recuperarse de lo que a ti te llevaría recuperarte energéticamente de esa respuesta emocional. La manera en que *sientes* lo que estás ingiriendo es más importante que *aquello* que estás ingiriendo. Si tienes una opinión sobre lo que comes, realmente no importa lo que ocurre en el interior del organismo, porque éste lo puede procesar todo.

»Volvemos a las emociones. Porque el cuerpo emocional crea la realidad física. De modo que si estás hablando de peso y salud, lo que sientes hacia ti mismo es lo que determina tu cuerpo físico, más que lo que consumes o cuánto ejercicio practiques. Se trata de una forma de pensar muy distinta de la que la tenéis muchos de vosotros. Porque estáis condicionados para pensar que todo es físico. Pero no es así. Todo es emocional. Todo comienza en el cuerpo emocional.

P: Al parecer la gente trata de llenar un cierto tipo de hueco interior con el alcohol y las drogas. ¿Qué es ese hueco?

R: Es tratar de conectar con la fuente de la energía. Para conectar, esta gente escoge toda esa energía residual, todo ese sufrimiento. Muchos de esos seres absorben la energía de otras personas. Asumen las enfermedades del mundo. Van paso a paso por ese camino, observando la experiencia ajena, por lo que no avanzan más allá de esa fase. ¿Lo entiendes?, ¿tiene sentido?

P: Sí.

R: No es que no sean capaces de conectar, sino que casi se conectan demasiado y acaban apagándose. Una vez que entras en ese ciclo, cada vez es más y más difícil salir porque también existe una dependencia química.

P: ¿Cuál es la mejor forma de curar una adicción?

R: Trabajar sobre el amor por uno mismo y el perdón. Porque muchas veces hay también un prejuicio. Muchísimas veces las personas no quieren sentir porque tienen muchos prejuicios adquiridos acerca de sí mismas. Y resulta interesante que para todos vosotros es mucho más fácil conectar y perdonar a los demás, que perdonarse a sí mismos, lo que a veces es un concepto muy difícil de asimilar. También puede resultar difícil perdonar a algún otro. Quizás si ha hecho algo muy ruin. Pero es incluso un reto mayor para muchos de vosotros perdonaros a vosotros mismos. Puede que los perdones a ellos, pero que aún no puedas perdonarte a ti mismo.

P: ¿Cómo consigues llegar a la posición en que puedes perdonarte a ti mismo?

R: Dando un paso por vez. Cambiando esas frecuencias, cambiando la forma de pensar, examinando todas aquellas pequeñas incidencias que te aproximan a ello. «¿De modo que yo he creado este gran evento, por qué? Así es como puedo ver que tengo poder o así es como puedo ver que soy un ser sensible o cualquiera que sea el asunto de que se trate». Si estás generando un evento importante, no será la primera vez en que esa frecuencia se ha dejado ver. Lo ha hecho repetidamente. Porque también es así como todo funciona, tú creas eventos y los creas a un nivel bajo, y cada vez que los suprimes, crecen y crecen. Rara vez se produce un solo gran evento aislado, usualmente se va desarrollando. Si has conseguido producir algo importante, habitualmente está interviniendo una vida anterior. Si te has visto ante algo tan importante como tocar fondo, conducir bajo la influencia del alcohol o las drogas, lo que subyace es un asunto al que estás intentando prestarle atención para ocuparte de él.

P: Entonces, ¿realmente no nos sirve de nada intentar suprimir las cosas?

R: Decididamente no. Encáralo y ocúpate del asunto en cuestión, y cuanto antes lo hagas, más fácil será. En principio, porque si no lo haces regresará y será mayor. Ve directo a la raíz, porque si piensas en el gasto de energía que te produce estar preocupado por algo, o si hay algo que te estorba, diciéndote que tienes que hacerlo, de modo que si lo haces a la primera, podrás dejarlo atrás.

P: Para terminar, ¿hay algo que querrías añadir?

R: Oh, hay muchas cosas que proteger, querido. Déjanos decirte que habéis recibido un montón de apoyo energético. A lo largo del próximo año o dos descubriréis que las cosas comienzan a intensificarse. En vuestras vidas personales al igual que en lo que ocurra en el planeta. Y es muy importante para vosotros verlo como un planeta sano. Porque si continuáis viéndolo como deteriorado o enfermo, eso es lo que crearéis porque estáis enfocándolo así. De modo que es de vital importancia que comencéis a veros tanto sanos como sanadores y ver al planeta de la misma forma. Entonces, cuando los acontecimientos comiencen a ocurrir, cuando vosotros comencéis a ver los cambios que se os presenten, las oportunidades de clarificar, vedlas como oportunidades de clarificar en lugar de: «He hecho algo erróneo, mira lo que me ha sido devuelto». Es una perspectiva realmente diferente de la realidad, y genera resultados muy distintos. Hay un montón de gente ahí fuera hablando sobre ello ahora mismo. Aparte de ellos, toma los detalles y las partes que están en consonancia contigo y estarás bien. Confía en tus instintos.

P: ¿Puedes dar más detalles acerca del tipo de intensidades que podemos llegar a enfrentar?

R: No quiero entrar en muchos detalles, porque cuando os presentamos información eso altera vuestro tiempo. Si os decimos que va a ocurrir algo, vais a estar pendientes de ello. Y en el momento en que os lo decimos, se altera la probabilidad. Distinto es cuando vosotros conseguís información del medio tridimensional, o a través de un vidente encarnado en vuestro sistema, porque ellos son parte del juego. Nosotros no participamos al mismo nivel. De modo que si nosotros os damos esa información, os afecta de forma diferente, porque tenemos otra perspectiva sobre la información que es opuesta a la de un vidente, que la recoge desde dentro del juego y como parte de él.

Puede que haya algunos cambios en las estructuras de gobierno, pero llegarán hasta donde queramos. Y no os preocupéis, es sólo una parte del ciclo, y parte de él es también la creación de una realidad diferente. A veces, las estructuras deben desmoronarse para que puedas crear una nueva base. No percibáis las cosas como si se derrumbaran, vedlas como una reconstrucción. Desplazad vuestra perspectiva.

P: ¿Cuál es vuestra perspectiva sobre el presidente Bush?

R: Hay perspectivas diferentes, pero vamos a decirte ésta… Muchos de vosotros tenéis gran animosidad hacia él y sus actos, y lo entendemos. Él interpreta un papel. Si vosotros estáis viendo a ese ser y no estáis contentos con lo que hace, tratad de verlo desde una perspectiva más elevada. Imaginaos a vosotros mismos recibiendo odio e ira de millones de otras personas. Hace falta ser muy especial para tener la capacidad de manejar todo eso. Él está ejecutando un papel que es necesario para otros. Si podéis ver el papel que está interpretando, es mucho más fácil aceptar algunas de las cosas que está haciendo, sin odiarlo o enfadarse con él. Y eso os libera de la carga de enjuiciarlo. Ver el papel que está interpretando. Hay un montón de seres ahí fuera haciendo cosas que no son de la más elevada frecuencia, pero que están haciendo lo que les tocó hacer.

P: ¿Nuestro próximo presidente será más lúcido?

R: No. Porque la estructura es la misma. Es la misma estructura gubernamental. Padece de las mismas enfermedades. También eso está controlado y manipulado por los extraterrestres. Por aquellos que detentan el poder. Es parte del juego. Es como ponerle una rueda nueva a un coche viejo, ¿cambia eso realmente el coche? Cambiar los presidentes es como cambiar una rueda. Sigue siendo el mismo vehículo y el vehículo sigue circulando por la misma carretera.

P: ¿Cuándo superaremos eso?

R: Cuando hayáis cambiado vuestra propia frecuencia. Porque vuestras estructuras de gobierno no seguirán con vosotros, crearéis una nueva versión de cómo queréis que se gobierne. Hallaréis una nueva vía, y funcionará a nivel internacional. Y todo ello será de manera holográfica.

P: ¿Quiénes son los Illuminati?

R: Los que tienen conciencia de vuestra historia. Muchos de ellos se reencarnaron en los sacerdotes negros de la Atlántida. Todavía siguen en el mismo juego de poder, entendiendo cómo están conectadas las cosas y sin utilizar ese conocimiento para la mejora del mundo o de una manera consciente para el resto de la humanidad, el planeta o las otras especies que viven en él.

P: ¿Podéis darnos algunos nombres concretos de miembros de los Illuminati?

R: Podemos, pero eso no os va a servir. Preferiríamos, en su lugar, que pongáis el foco en el hecho de que ellos son conscientes, pero, ¿sabéis qué? Vosotros también conseguiréis tener esa información. No importa realmente hasta dónde han llegado los Illuminati. Ellos seguirán desarrollando su juego aunque vosotros no participéis. Las diferentes versiones del planeta se separarán y vosotros estaréis en ésta, porque es aquí donde se elevará vuestra vibración. La vibración de ellos, desgraciadamente, no cambiará. Están atrapados en esa frecuencia. Siguen funcionando con la misma mentalidad mientras tienen el conocimiento y la comprensión de la historia y la comprensión de que vosotros sois parte de una comunidad galáctica. Todavía siguen trabajando por el poder, el crecimiento espiritual no les llegará. Y esto es lo que está pasando para vosotros. Ahora estáis recordando quiénes y qué sois, y también estáis creciendo, y ésa es la diferencia.

P: ¿Para finalizar, tienes algunas palabras inspiradoras para nosotros?

R: Vosotros estáis siempre conectados. Tenéis la capacidad de conectar con vuestros propios guías; y la capacidad de conectar con la fuente de la energía. Y ahora que habéis percibido nuestra frecuencia, podéis conectar con nosotros. No necesitáis un intermediario, no necesitáis un canal, lo único que necesitáis es pedir ayuda. ¿Sabes? Todos vosotros sois hermosos seres de luz. Y nos sentimos muy honrados de tener la oportunidad de hablaros o de trabajar con vosotros. Realmente sois muy especiales y muy raros de hallar. Es necesario tener muchísimo coraje para descender a este sistema en esta época. No es tan fácil para uno reencarnarse y muchos seres se reencarnan y retroceden inmediatamente. Llegan hasta aquí y dicen: «¿En qué estaba pensando? Aquí abajo es todo demasiado denso».

»Este planeta tiene algunas cosas muy hermosas, y el nivel y la expresión que alcanza el amor es sorprendente y no es similar a ningún otro sitio en el universo. Podéis decir: «¿Cómo es posible eso, no es amor el amor?». Hay muchos matices y diferentes clases. La clase de amor que sentís por un amigo. El que sentís por un amante. El que os une a un compañero de toda la vida. El amor por vuestro hermano, por vuestra madre, por vuestro padre, son matices variados y eso es por lo que es tan especial el amor en este planeta. En ningún otro sitio es así.

»De modo que disfrutad, disfrutad de las cosas que el planeta tiene para ofrecer y relajaos. Divertíos. Disfrutad del viaje. Hay algo que sí podemos legaros, os recomendamos que hagáis lo que os permita disfrutar de la vida. Vividla intensamente. Y sabed que siempre estaremos aquí. Si nos necesitáis, podéis llamarnos y no os hace falta ningún intermediario. Haremos lo mejor que podamos para ayudaros y asegurarnos de que obtenéis la información que estéis buscando. Siempre y cuando nos preguntéis, la pondremos en vuestro camino, hasta que la consigáis o ya no la deseéis. De modo que estaremos atentos y esperando, queridos, y enviando muchos buenos deseos.

P: Gracias.

R: Ha sido un placer, querido.

*   *   *

Cuando Wendy salió del trance parecía un poco ida, como si se hubiera tomado una cucharada de más del jarabe para la tos. Nos explicó que le llevaba sólo unos pocos minutos «re-anclarse», pero que ella siempre se sentía renovada y como «fundida de amor» después de una sesión.

«Me siento muy afortunada de poder hacer mucho –dijo–. Ayuda a muchos otros, además de suponer un gran beneficio para mí».

Después, ya en la calle, cuando cargamos el equipo en el coche de Matt, él comentó que yo «era» enteramente una gran sonrisa.

«Sí, ¡sencillamente amo esto! –dije–. Realmente me ilumina desde adentro hacia afuera. Podría haber hablado con ellos durante muchas más horas. ¡Es simplemente tan grandioso! Me han respondido con sentido a ciertas preguntas que me planteé durante toda mi vida. ¿Qué piensas tú?».

Las diferentes versiones del planeta se separarán y vosotros estaréis en ésta, porque es aquí donde se elevará vuestra vibración.

«Impresionante, ésa es la única manera que tengo de describirlo –respondió él–. Todas las respuestas fueron fluidas y detalladas, pero la energía en la habitación fue muy diferente comparada con la de la primera sesión. Imagino que estos seres están más allá del género o son una suerte de combinación. Pero Bashar se notaba realmente masculino; los pleyadianos eran más gentiles, más femeninos.

»Tío, estoy realmente muy contento de haberme involucrado en este proyecto. De modo que, ¿quién es el próximo?».

Tres

Geoffrey Hope
canalizando a Tobias

Una semana más tarde y justo dos antes de Navidad cogimos un vuelo desde la templada y contaminada Los Ángeles hacia la invernal Denver y su sombrío cielo de pizarra. Andando hacia el aparcamiento de los vehículos de alquiler, Matt y yo fuimos fastidiados por rachas de aire helado. Yo dije algo así como «¡Qué fastidio!». De hecho exactamente la cita fue ésa según recuerdo.

Matt, que es canadiense, sólo me ofreció una auténtica sonrisa y dijo, «Eso es tan americano. Siempre tenéis que protestar acerca de algo, ¿no es así?». Él realmente no quiso meterse conmigo ni trató de ser malévolo, por lo tanto le devolví la sonrisa porque me di cuenta de que tenía razón.

Nos dirigimos montaña arriba en nuestro Chevy Malibú de color blanco (¿acaso los coches de alquiler no *deben ser* blancos?), descubrimos que sentíamos un amor mutuo por Springsteen, y pusimos la música a todo volumen.

Una hora después, cuando a un rosado crepúsculo le siguió la oscuridad, llegamos a la pintoresca aldea de montaña de Coal Creek Canyon, con una población de 2500 habitantes, para encontrarnos con un tal Geoffrey Hope, el canalizador que habíamos entrevistado.

Nos registramos en el único motel del pueblo, el Eldora Lodge, todo secuoyas y carámbanos. Advertí un hidromasaje fuera, encima de la enorme cubierta y le pregunté al propietario si el agua se calentaba ahora al final del invierno. Él dijo que sí y que podíamos usarla siempre que quisiéramos, de día y de noche, lo que sonaba como un plan para más tarde, pese a que la temperatura era de 17 ºF (-8 ºC).

Cuando Geoff nos recogió, unos minutos después, me sorprendió su carácter amable y su aspecto juvenil. Tenía 52 años, pero podría haber tenido fácilmente diez menos. Nos acogió a nosotros y a nuestro equipo en su todoterreno y nos condujo por caminos completamente cubiertos de nieve. Varias millas después llegamos a una espaciosa casa que compartía con su esposa, Linda, su amor desde la escuela secundaria.

Después de una breve conversación y un aperitivo, montamos el equipo en el salón familiar, con un fuego crepitando en la chimenea, y copos de nieve del tamaño de una moneda de 25 céntimos flotando afuera. Podría haber sido un cuadro de Norman Rockwell… salvo por hecho de que en pocos minutos más, un «ser angelical», como a Hope le gusta describir a Tobias, habitaría su cuerpo. Pero antes teníamos que hablar acerca de cómo él se había involucrado en la canalización.

Geoff se sentó en una silla cómoda y Linda se sentó cerca de él. Yo estaba un poco preocupado porque Geoff quería que ella también fuese filmada; según me explicó, su cercana presencia y «la energía de ella» eran para él parte del proceso de canalización.

«Durante aproximadamente un año, ni siquiera le dije nada a Linda sobre la voz que me estaba hablando desde el interior de mi cabeza, una voz que sin lugar a dudas no era la mía —dijo riendo entre dientes—. No se lo dije a nadie, ni siquiera a mi propia esposa, porque pensé que la gente creería que estaba loco».

Geoff era por entonces un empresario de éxito, y dijo que fue en un avión, durante un viaje de trabajo, cuando «Tobias empezó a hablarme y desde entonces no ha parado de hacerlo». Eso ocurrió en 1997 y dos años después, cuando ya había adquirido cierta práctica y se había acostumbrado a la idea, comenzó a canalizar para pequeños grupos. «Comencé a trabajar con un psicólogo, que tenía algunos pacientes con problemas complicados. Y éramos el psicólogo, yo mismo y, por supuesto, Tobias; realmente disfruté de ello. Fuimos tratando uno a uno de forma muy intensiva. Cuando eso se difundió, la gente quiso hacerlo en grupo».

Linda interrumpió para decir con una pequeña sonrisa, «Tú, el psicólogo y un *cliente*».

«Y un cliente, correcto, correcto –dijo él–. Y eso fue creciendo hasta ser lo que es ahora».

Lo cual significa una empresa global. No sólo que los Hoppes hagan viajes de más de cientos de miles de millas cada año por el mundo entero para impartir conferencias y seminarios, sino que hasta ahora también han expedido certificados a más de doscientas personas para enseñar el material del «Círculo Crimson».

«Fue adquiriendo formas que yo jamás hubiera podido imaginar y sigue creciendo –dijo Geoff–. Hay mucha gente con dificultades para tratar el cambio o el proceso de ascensión, y a menudo ni siquiera saben qué es lo que está ocurriendo. De modo que la canalización realmente ayuda a brindarles alivio y a obtener respuestas».

Después de una pausa breve, todos volvimos a nuestros sitios frente a la cámara. Geoff ya estaba preparado para permitir que viniera su amigo no físico, Tobias.

«Tobias es un ser angelical que ha vivido varias vidas en la Tierra –explicó Geoff–. Se destaca por su vida como Tobit, uno de los personajes principales del libro de Tobías de la Biblia católica. Su última vida en la Tierra terminó aproximadamente en el año 50 a. C., y ahora ha vuelto desde los reinos angelicales para lo que él denomina «la mayor evolución de la consciencia de la humanidad que jamás antes se haya experimentado…».

Buena introducción, ahora estoy ansioso por hablar con él. De modo que Geoff cerró los ojos y aspiró aire profundamente varias veces, cuando Linda lo animó a relajarse y a dejar que se atenuara su condición humana. Continuó aspirando puede que durante unos 30 segundos, lo que se alternaba con suaves tics faciales (no tan pronunciados como los de Anka al convocar a Bashar).

Entonces, Geoff abrió la boca y surgieron las palabras: «Y así es». La voz esencialmente era la misma, quizás una octava más baja, pero la energía en la habitación cambió sustancialmente.

Durante los primeros minutos percibí la cabeza muy ligera y como si en mi estómago aletearan mariposas. Y me sentí excitado, como si me hubiera reencontrado con un amigo largamente perdido o quizás con un hermano mayor que estuviera sentado junto a mí y quisiera enseñarme lo que sabía, para que yo no cometiera sus mismos errores. En cualquier caso, la conversación a mí me afectó de manera personal, más que las dos primeras entrevistas. Tobias era genial y complaciente, pese a que en algunos momentos no se andaba con rodeos.

*　*　*

P. Hola Tobias, gracias por reunirte con nosotros.

R: Gracias a ti. Voy a tomarme un momento para reunir todas nuestras energías y sentir realmente el entorno que hay aquí. A nosotros nos gusta que los humanos nos inviten como lo estás haciendo tú ahora, particularmente en un espacio cálido y abierto. Ha pasado un tiempo desde la última vez que yo, Tobias, estuve en el salón de Cauldre (éste es el nombre con el que Tobias llama a Hoppe) y Linda. Percibo la energía que hay aquí. Miro los cuadros, por supuesto, de Cauldre y Linda, y todo lo de Shaumbra (los seguidores del Círculo Carmesí) y me pregunto dónde está mi cuadro que solía estar colgado aquí. Cuando los humanos nos permiten acercarnos tanto, tenemos que hacerlo con su aprobación, ¿sabes?, realmente tienen que permitir que entremos. Así es como nosotros podemos sentir a través de ellos, a través de cada uno de vosotros, los que estáis aquí sentados, podemos respirar en la energía de una forma que no podríamos hacer de otro modo;

de manera que, sencillamente, amamos el momento en el que estamos junto a vosotros. Vamos pues a iniciar el debate.

P: ¿Puedes hablarnos de ti, darnos alguna información biográfica y sobre tu historia?

R: He vivido en la Tierra más de mil vidas. Viví antes en los días de Lemuria; he tenido muchas, muchas vidas en la época de la Atlántida, quizás una de mis favoritas; aunque tengo que decir que vuestros tiempos de hoy, modernos, son mucho más dinámicos, mucho más energéticos incluso que los tiempos de la Atlántida. He vivido en la era más reciente, en la era de Yeshua, al que vosotros llamáis Jesús. Mi última vida humana fue aproximadamente unos cincuenta años antes de que Jesús anduviera en la Tierra. Eso fue cuando morí en mi última vida en tierras de Israel. Y cuando acordé no volver para vivir otras vidas, de modo que pudiese trabajar con los humanos y asistirlos, yo los llamo Shaumbra, cuando ellos atraviesan su propio proceso de trasformación espiritual. Me llamo Tobias porque ésa fue quizás mi vida más notoria y famosa.

»Se la convirtió en uno de los libros de las Sagradas Escrituras, el libro de Tobias, lo que ocurrió 600 años a.C., cuando yo era conocido como Tobit. Animo a todos vosotros a que leáis la historia; es realmente hermosa. Apenas si tiene nada de cierto, ya que ha sido embellecida a lo largo de los años, pero es de verdad una historia maravillosa.

»Tuve muchas, muchas vidas en la Tierra. Siento un amor profundo y compasión por los humanos, porque yo recuerdo cómo eran las cosas por las que ellos tienen que pasar ahora. Recuerdo, en particular, un desafío; el que supone saber a un nivel profundo que tú eres un ser espiritual. Pero cuando llegas a la Tierra y te encarnas en eso llamado biología, tu cuerpo físico, y por tanto tienes un cerebro –los ángeles, gracias a Dios, no lo tienen–, cuando haces descender tu energía hasta lo físico, tiendes a perder la memoria de lo que realmente eres. Olvidas que eres un ángel. Olvidas que no eres limitado.

»Te conviertes en alguien pendiente de tu día a día, tu vida convencional. Tengo una gran compasión por lo que los humanos aguantan cada día. De modo que a muchos de vosotros os conozco personalmente. Compartimos vidas. De manera que cuando muchos llamáis y oráis, yo acudo junto a otros ángeles a vuestro lado para ayudar a vuestro trabajo. Yo trabajo con vuestro espíritu y vuestra alma, de modo que como humanos y como ángeles podáis realizar el proceso de trasformación. Ésa es mi breve historia.

»Como muchos de vosotros, antes de venir a la Tierra, fui un ángel, un ser incorpóreo como quizás dirías tú. Tengo también experiencias notables en los otros reinos, pero tengo que decir que no hay nada —incluso en los reinos angelicales— nada como la experiencia humana.

P: Tobias, ¿por qué elegimos tener esa amnesia cuando venimos a la Tierra, y por qué lo hacemos tantas veces, una y otra?

R: La amnesia a la que te refieres, el olvido de que eres un ángel y el porqué eliges venir aquí en primer lugar, es el resultado de estar aquí en la Tierra. Es esa intensidad de la materia la que lo genera. En los otros reinos no tenemos árboles en los que tú puedas estrellar tu coche y no tenemos los edificios en los que tú tienes que vivir. Cada cosa está centrada aquí en lo energético. Hay una gravedad —no la típica gravedad terrestre que tú conoces, es una gravedad energética— que concentra y compacta la energía tan firmemente, que cuando tu energía desciende hacia esos reinos, genera un tipo de desmemoria. No necesariamente por elección, es por una cuestión de física espiritual por lo que sucede. Creo que podrías decir que en parte es algo positivo, porque permite a cada uno de vosotros experimentar realmente lo que es vivir en una ilusión. La ilusión que todos vosotros creáis juntos, a través de la consciencia masiva de vuestro sistema de creencias. Eso os permite estar tan inmersos en dicha ilusión que es más real que la realidad en sí misma. Contiene más verdad que la verdad en los reinos angelicales. Es tan «aquí» y tan «ahora» que os ofrece una experiencia absolutamente completa.

»El inconveniente es que vosotros os perdéis en eso y quedáis atrapados. Sentís que no hay salida. Y llegáis a estar tan frustrados y enfadados que realmente os sumergís aún más profundamente en la realidad tridimensional. Porque entráis en vuestra mente. La mente es un elemento importante al vivir en la Tierra, pero está infinitamente sobrevalorada. La mente hace cosas maravillosas, pero a mucha gente le evita acceder al uso de su consciencia superior, vuestra inteligencia divina, como nosotros la llamamos. De modo que os quedáis estancados allí, perdidos como un niño en el bosque, pensando que nadie sabe dónde estáis o se preocupa por eso. Pensando que estáis fuera, en ese oscuro y potencialmente peligroso espacio, y que jamás podréis salir. Ése es probablemente uno de los mayores miedos que tiene la gente, que no haya modo de salir de eso. Tanto si creéis en una sola vida, como si creéis en la reencarnación, hay un miedo profundamente instalado en el interior humano de que no conseguirán salir. Eso causa estados tales como ansiedad y depresión, esquizofrenia y todas esas enfermedades mentales que pueden verse en vuestra sociedad ahora mismo.

»Los humanos se sienten muy perdidos, no saben cuál es la salida y cada vez están más atrapados. Están inmersos en ese sistema de creencias de que no hay salida, y esa manera de pensar los empuja, literalmente, a volver a la Tierra en nuevos ciclos de reencarnaciones, una tras otra y otra. Incluso cuando no hay necesidad de karma, ni necesidad de regresar nunca más a la Tierra. Es tal el modo en que están apresados por la rutina o el hábito, que se combina con las conexiones emocionales que tienen con otros humanos, que quieren volver para estar junto a ellos en otra vida o sienten que deben hacerlo. Y entonces, de verdad tenéis una situación en la que estáis desesperados. Estáis sufriendo, estáis tristes pero no sabéis cómo salir. Hay muchos niveles de seres angelicales trabajando con humanos ahora mismo, pero es difícil, porque incluso si hemos estado junto a vosotros en el pasado, hay épocas en que no nos escucháis. Os hemos comunicado que, de hecho, sois también Dios, pero estáis viviendo en cierta clase de ilusión, una ilusión que se presenta a sí misma como la base de la consciencia humana que os mantiene atrapados.

»¿Cómo podéis salir? Pues del mismo modo en el que habéis entrado. Amando la vida, con amor por vosotros mismos, aceptando todas las cosas como son. Aceptando todo lo relativo a vosotros, no solamente algunas cosas, sino todas. Cuando aprendéis esa compasión profunda por vosotros mismos y por otros seres humanos, cuando aprendéis la verdadera encarnación en la vida y halláis placer en todo —incluso en aquello que llamáis partes oscuras de la vida, que simplemente son diferentes— cuando llegáis a entender la total alegría de la vida, es cuando salís. No salís cuando rezáis por la salida, ni definitivamente haciendo buenas acciones por los demás, porque entonces no estáis haciendo realmente nada por vosotros ni, por otro lado, conseguís hacer méritos en el otro lado. No hay trucos para esto, no tenéis que ser un Houdini para salir.

»Simplemente tenéis que daros cuenta que la vida es un don preciado. Y que continúa después de que vosotros dejéis este planeta, después de que abandonéis el cuerpo físico. Entonces, cuando aprendéis a apreciar, disfrutar y a amaros a vosotros mismos y a la vida, cobráis una perspectiva diferente que lleváis con vosotros cuando partís de la Tierra y vais hacia los otros reinos.

P: ¿Y qué hay de las personas que tienen dificultades para amarse a sí mismas y sentir alegría en sus vidas, hay ciertos pasos que pueden dar?

R: Te lo voy a simplificar. Y puede que algunos piensen que la respuesta es un poco concisa, pero es: simplemente, intentad superarlo. Vosotros os regodeáis en la autocompasión, habéis establecido la energía de ser una víctima. Víctima de la vida, víctima de los demás. Habéis permitido que os roben vuestra energía, vuestro corazón y vuestra consciencia. Estáis en un tipo de trampa y dejáis que eso suceda. Un día, cuando os levantéis de la cama por la mañana, o una noche cuando estéis dando un paseo, sencillamente lo superaréis. Dejaréis de permitir que los otros os saqueen y, a la vez, también dejaréis de saquear a los demás. Vais a pasar a ser íntegros e independientes. De verdad que es así de simple.

»Lo que lo hace complejo y dificultoso para los humanos es que desarrollan todos esos programas de múltiples pasos y escriben libros, y hacen seminarios y dan clases y se introducen más y más y más en la mente, y se alejan del verdadero asunto que tienen entre manos. Sois seres angelicales. También sois Dios. Debéis superar todo lo demás. Suena un poco sucinto, pero es probablemente lo más eficaz que hemos descubierto. Tú eres el Creador. Tú has creado en tu vida cosas que te gustan y cosas que te disgustan y si las has creado también puedes «descrearlas».

»Lo más importante es hacer una elección. Oh, tú dices que has hecho elecciones. Voy a refutar eso. Te diré que tú tienes necesidades y deseos, que tú deseas que las cosas sean de cierta manera, pero no te has anunciado a ti mismo, a tu alma, a tu cuerpo y a tu mente, que vas a tomar la senda de una consciencia más elevada. ¿Por qué? Porque estás asustado. Sabes que puedes apañarte. Y ése es uno de mis problemas con los humanos en la Tierra, precisamente ahora. Yo lo llamo «justo lo suficiente», basta con apañarse, suficiente dinero para vivir, suficiente salud para ir tirando, justo lo suficiente. Cuando te anuncies a ti mismo que eres también Dios y sientas eso profundamente en tu interior, no solamente en tu cabeza, sino cuando proclames que eres Dios, que eres tu propio creador y no necesitas tomar energía de ninguna parte, de ningún otro, tu vida cambiará. Va a cambiar.

»Cuando tu vida cambie de esa manera, no te sorprendas ante los cambios. Es una de las cosas que siempre sorprenden a los seres angelicales con los que yo trabajo. Los humanos demandan cambios y sus vidas comienzan a cambiar y entonces ellos —¿cómo es que lo llamáis?— pierden los papeles. Porque pierden su trabajo o su familia o todo el viejo equipaje que acarreaban de aquí para allá. Entonces entran en un estado de pánico. Pero debéis entender que cuando los cambios empiezan se produce una evolución de la energía. Es una limpieza de la casa, es librarse de lo viejo para hacer lugar para vuestro nuevo yo.

P: Parece como si estuvieras diciendo que se trata de una elección para definir quién eres en lugar de establecer metas.

R: De metas nada. Eso es muy mental, eso es muy del ayer, muy de los ochenta, nos dijo Cauldre. Olvida las metas. Eso es un ejercicio de frustración e inutilidad. Tú, un ser independiente no necesita de metas. ¿Sabes por qué? Te diré por qué. Porque tú lo atraes todo hacia ti. Cuando haces elecciones, literalmente te recargas de energía. Piensa en ti mismo como una especie de imán o como algo que atrae cierto tipo de energía. Cuando haces elecciones en tu vida, atraes todas las energías hacia ti. Les decimos a los humanos que todas las energías están aquí para serles útiles, procuran serlo y el amo permite que la energía les sirva.

»De modo que desecha todas las metas, todas las visualizaciones, todas las afirmaciones, porque al final no funcionan. Oh, ¿que dan resultado a corto plazo? Posiblemente. Pero a largo plazo, no funcionan. Te quedarás estancado y comenzarás a tomar medicación. Y en ese caso es muy difícil hablarle a cualquiera de vosotros, una vez que tomáis drogas psicotrópicas. Muy difícil, porque sois zombis. Vuestro espíritu existe en algún otro lugar, no está aquí presente. Esas drogas sustraen vuestro espíritu de esta realidad.

> *Sois seres angelicales. También sois Dios. Debéis superar todo lo demás.*

P: ¿Es ésta una declaración global, válida en todos los casos?

R: En todos.

P: Ha habido gran cantidad de conversaciones sobre la ley de la atracción, ¿cuál es tu punto de vista sobre eso?

R: La ley de la atracción funciona. En lo que se la ha distorsionado justamente ahora es al haberse convertirdo en un ejercicio mental. Alguien ahí fuera quiere escribir un libro, cientos de páginas, describiéndola. Y entonces, en el momento en que los humanos comienzan a leer ese libro, se vuelven mentales y se bloquean. La mente sola no puede ir tan lejos. La ley de la atracción es tu espíritu, tu alma. Son las partes más profundas de ti; no es lo que el cerebro puede invocar mágicamente. Son tus zonas más profundas.

»También existe un malentendido sobre la ley de la atracción. Los humanos, los limitados humanos, la usan como esto… «Quiero un coche nuevo». Y esperan que se cumpla su deseo. Bueno, puede que tengan el coche… pero probablemente sufra un choque y los haga volar por los aires.

»El humano con sus limitaciones dice «Necesito mil dólares. Debo pagar mi alquiler». Tenéis un conflicto ahora mismo entre el humano limitado y el ser que tiene alma. La ley de la atracción funciona, digamos, a nivel del alma o del espíritu. Voy a hacer otra declaración audaz aquí. Tu alma no necesariamente le presta atención de verdad a todos los triunfos humanos. El humano se preocupa mucho de las cosas que cree necesarias y que piensa que debe de tener, pero al final del día realmente ninguna de ellas importa.

»No importa si no has pagado tu alquiler, no importa si te conviertes en multimillonario. Nada de eso importa. Ésas son cosas que atañen únicamente al aspecto humano. De lo que se preocupa el alma, de lo que se preocupa tu espíritu es de la consciencia, que significa conocimiento. Tu alma y tu espíritu se preocupan por la alegría de ser. En otras palabras, que experimentes lo que tienes delante y lo vivas. El alma prefiere una mala experiencia que ninguna, ya ves. Los humanos que tratan de huir de las experiencias y hacen cosas y crean cosas, realmente frustran sus propias almas.

»El alma vuelve atrás y arroja algunos de los que vosotros llamaríais «eventos interesantes» en sus vidas, para mantenerlos despiertos, y entonces esos humanos se quejan y se convierten aún más en víctimas. La Ley de la Atracción funciona cuando vosotros estáis en vuestro propio espacio sagrado, cuando comprendéis que todas las necesidades y deseos que tenéis como humanos —en otras palabras, básicamente tener algo que comer, estar relativamente abrigados, y tener algún tipo de refugio y vestimenta— deben ser atendidos fácil y naturalmente. Pregúntale a cualquiera de los que llamáis maestros humanos. Pregunta a aquellos que entienden cómo es tener un estado de consciencia. No tienes que preocuparte por nimiedades.

»Pero la vasta, la inmensa mayoría, desafortunadamente mayoría, de los humanos pierden sus valiosas y creativas energías persiguiendo las pequeñas cosas. Y esa es la razón por la que con tanta frecuencia tienen dificultades en sus vidas. El espíritu y el alma que son parte de ellos intentan conseguir que les presten su atención, diciendo que no deben gastar la energía en eso, que llegará de manera natural. La Ley de la Atracción funciona cuando la aplicáis a aspectos superiores de la consciencia. A los aspectos espirituales de vuestras vidas. Aspectos como el crecimiento y la evolución del alma. Aprendiendo cosas tales como el amarse a sí mismo, compadecerse de uno mismo. Eso es infinitamente más importante que un salario o un coche.

»Como ves hay un conflicto, una batalla que se está produciendo, de algún modo, entre el aspecto humano y tu alma. El alma trata de decir que esas cosas no importan, que el Yo tiene que encargarse del espíritu. Si alguna vez dejas de recorrer el laberinto de las limitaciones humanas, si te detienes por un momento, tu alma te dirá: «Escucha, permanece conmigo y permite que entre en tu vida y participe de ella, en vez de pretender que yo existo en algún otro sitio. O que soy cierto tipo de ser perfecto sentado en una silla de oro en alguna remota realidad». El alma está diciendo: «Cuando me abras tu vida, volveremos a unirnos otra vez. Juntos conoceremos la alegría de una nueva consciencia, la alegría de amarnos, el placer de vivir. Y entonces no tendrás que preocuparte por las nimiedades».

P: ¿Es eso de lo que se trata en este período de la Tierra? Lo que la gente llama «el Gran Cambio», ¿es la unión entre el espíritu y la carne, en cierto sentido?

R: Ciertamente lo es y voy a explayarme aún más. En la era de Lemuria, que fue la primera de la humanidad en la Tierra, la cuestión era aprender a trasladar la energía de vuestro espíritu a este reino de la Tierra y corporizarlo físicamente. Corporizarlo en piedras y árboles, para finalmente evolucionar y aprender cómo depositar vuestra energía en animales y seres vivos. De modo que la era inicial en Lemuria fue realmente de adaptación a la realidad tridimensional. En la era de la Atlántida fue sobre la vida en comunidad. No había consciencia de Dios, el término «Dios» ni siquiera se entendía. No se podía debatir, porque ni siquiera era un concepto. Todo en la Atlántida era sobre la bondad global. No había individualidad. Se trataba de trabajar conjuntamente en grupo. Comíais juntos, dormíais juntos; todo se hacía en comunidad.

»En el período temprano de la Atlántida no había nada como lo que actualmente llamaríais «sí mismo», eso apareció en los últimos tiempos. En la era actual de la humanidad, que comenzó quizás hace unos diez mil años, cuando las especies humanas se empezaban a convertir en algo más que unas tribus nómadas que vagaban y comenzaron a asentarse, fue cuando empezó a existir el concepto moderno de Dios. Y así en los últimos diez mil años, más o menos, nació una nueva creencia. La creencia de que hay un tipo de Dios, un tipo de ser superior. Había una responsabilidad hacia el prójimo, eso era lo importante. Ésa fue la consciencia hasta muy, muy recientemente.

»La nueva consciencia ahora mismo es sobre el «Yo Soy». Y mientras que para algunos pueda sonar muy egoísta, realmente es descubrir al propio ser. Es ponerte a ti en primer lugar, amarte primero a ti mismo, cuidarte primero, tener compasión por ti y, ante todo, conocerte a ti mismo. Porque si lo haces, será entonces cuando de verdad serás capaz de ayudar a los humanos, pero debes entender que sólo a los humanos que eligen pedir ayuda. Cuando llegáis a la era del Yo Soy, también se descubre que ese Dios que los humanos han estado buscando durante los pasados diez mil años no existe ahí arriba, en alguna parte del cielo, no está oculto en algún sitio, está justamente aquí. Siempre estuvo aquí. De eso se trata en la nueva consciencia.

P: Tomando eso en consideración, ¿cómo se manifestará? ¿Cómo será nuestro mundo en los próximos años?

R: Oh, Dios mío, si lo supiera sería un profeta. Debo decir que esta conversión desde el antiguo sistema religioso con el que tantos de vosotros estáis familiarizados es difícil, muy difícil porque está firmemente arraigado. Aquellos que tienen un concepto tan fuerte de Dios, como una autoridad superior y como único creador, quieren sinceramente seguir aferrados a ello. Se sentirían muy incómodos abandonando por variadas razones. Temen dejar que se vaya Dios, su viejo Dios, ya sabes. Porque están tan fuera de contacto consigo mismos, que no pueden siquiera considerar cómo es penetrar en su propio interior. Están demasiado acostumbrados a estar ahí fuera, en su creencia de que tienen un Dios que controla las cosas. Y si mantienen a Dios apaciguado tendrán justo lo suficiente en sus vidas. De modo que es una cuestión sustancial, un importante cambio en la consciencia que sobrevendrá en la Tierra justamente ahora.

»Tenéis un alto porcentaje de población que está profundamente hipnotizado con sus creencias religiosas. Tenéis también otra parte de población que no se encuentra satisfecha, que no halla respuestas o ninguna sensación de paz a partir de ese concepto religioso, de modo que están inmersos en su propia clase de vacío y en la indiferencia. No creen en Dios, pero tampoco en ellos mismos. Ésos son los que puedes llamar ateos. Están en un espacio neutral y puede que estén contentos con su vida, pero ahora mismo su consciencia está asfixiada.

»Hay un pequeño, muy pequeño grupo de personas en la Tierra que ahora mismo está haciendo cierto tipo de trabajo interior fenomenal. Un trabajo muy difícil. Es el de trasformar su propia consciencia. Abriéndola, comprendiendo que Dios no está ahí fuera, que el alma tampoco está ahí, que todo está precisamente aquí. Éste es el trabajo que está haciendo ahora mismo en la Tierra un pequeño grupo que va a establecer la potencialidad, y subrayo «potencialidad» porque no están forzando o imponiéndola a nadie; están estableciéndola para otros humanos que están preparados para dar ese gran salto. Cruzar el abismo del descubrimiento del Yo Soy. La parte difícil es que requiere dejar que se vaya el antiguo Dios, la vieja sensación de ser limitados. Esto, debo decir, es el mayor desafío por el que un humano atravesará jamás.

P: Pero, ¿acaso los humanos no desean ser ilimitados y poderosos?

R: Oh, quieren ser ricos, quieren tener buen aspecto, no quieren tener problemas, pero eso es en sí mismo una limitación. No saben cómo pensar más allá de esos conceptos rudimentarios. Quieren ganar la lotería. No quieren tener que preocuparse por pagar sus facturas, y ahí es donde está ahora mismo su consciencia.

P: Entonces, ¿cuáles serían los consejos básicos sobre cómo un humano puede atravesar el abismo?

> *El descubrimiento del Yo Soy… requiere dejar que se vaya el antiguo Dios, la vieja sensación de ser limitados.*

R: Hablando en general y quizás con tristeza, los humanos tienen que alcanzar un estado de pena o de dolor o quizás padecer un tipo de incidente cercano a la muerte, pasar por algo traumático como la muerte de un ser querido o un divorcio. Tienen que pasar por la pérdida de cosas de su vida que los sacuda y los despierte. Tienen que llegar a un estado donde sólo se tengan a sí mismos.

En el que tengan que gritar, tratar de conseguir ayuda externa, tanto si es un Dios de afuera o un grupo de humanos y que eso no haya funcionado.

»Entonces tienen que volcarse hacia el interior para ver de qué están hechos. Ésa es la oscura noche del alma. Ése es el abismo a cruzar. Ése es también el punto, bastante peculiar, que vosotros llamaríais las guías espirituales, los seres angelicales, que deben retirarase en ese momento. Deben dejar que los humanos atraviesen esa experiencia por sí mismos, porque de otro modo no podrían descubrir quiénes son realmente. Muy pocos humanos quieren hacerlo. Se sienten satisfechos con tener justo lo suficiente. Se sienten satisfechos simplemente con apañarse. Y tienen esperanzas de que acaso llegue un día más luminoso, con mayor riqueza o salud, pero esas esperanzas, un día tras otro, parecen romperse.

Y llegan a un punto de su vida en que ocurre algo traumático. Y dicen: «Voy a considerarlo de otra manera». Ahora presta atención, no *tiene* por qué ser necesariamente así, pero ésa es la pauta que vemos en los humanos. Lo que tenemos que deciros es: ámate a ti mismo. Cuida de ti mismo. Aprende a estar contigo mismo. Vete y tómate un mes, cuarenta días quizás, como hizo Jesús, vete por tu cuenta y aprende a estar *contigo*. Aprende que no necesitas robar la energía de nadie y no permitas que otros te hagan eso a ti. Eres un ser independiente y autosuficiente.

> *Ámate a ti mismo. Cuida de ti mismo. Aprende a estar contigo mismo... Eres un ser independiente y autosuficiente.*

P: Digamos que alguien parece tener una buena vida, mucho dinero, una buena familia, ¿pero tú dices que en algunos casos puede que no hayan dado el salto?

R: No existe un paralelismo entre tener dinero y tener esa mayor consciencia. Algunas personas son muy sagaces para hacer dinero. Algunas son muy buenas para extraer dinero y energía de los demás. Algunos humanos son buenos en crear cosas nuevas que a otros les resultan atractivas, por lo que están dispuestos a pagar por ellas. Pero eso no necesariamente se equipara a la consciencia.

»Es divertido cuando llegáis a la conciencia del Yo Soy que hay en vuestro interior y os dais cuenta de que todas las cosas van a estar ahí para vosotros. No necesitáis ser fabulosamente ricos porque entendéis esto, y es un poco difícil de entender que ya sois ricos. No necesitáis conseguirlo o aspirar a ello. No tenéis que establecerlo como meta, porque ya está ahí. Pero pasa algo gracioso: importa muy poco. No significa que tengas que ir por ahí como un mendigo, porque, ¿para qué sufrir en la Tierra si estás ahí?, y eso significa que no importa. Aquellos que entienden este principio, lo que descubren es que está justamente ahí. No necesitan perseguirlo, trabajar por ello o forzarlo, sencillamente aparece. No tienen que estar echados por la noche, insomnes y preocupados. Está precisamente ahí, en el momento en que lo necesitan. Todo está ahí cuando lo necesitan.

P: Has mencionado a Jesús. ¿Por qué tantos humanos lo consideran como una especie de salvador?

R: Es un buen argumento. Los humanos necesitan un héroe. Necesitan héroes deportivos, políticos pese a que no hay muchos, necesitan héroes en tecnología y ciencia, pero también necesitan un icono al que admirar y venerar porque no acceden a su propio interior. En los primeros tiempos de la Iglesia católica, la idea básica era que Jesús atraería a las masas porque era un humano. Y que sería algo así como un buen ejemplo. Les llevó sus buenos quinientos años decidir cómo debía ser presentado ante el público. En vuestros términos modernos sería cómo debería manejarse su campaña de promoción. Cómo deberían contar la historia. Estudiaron la cuestión y observaron qué es lo que resultaba atractivo y qué es lo que no les gustaba a los humanos.

»De modo que desarrollaron esa interesantísima, aunque no necesariamente exacta, historia de Jesús, que para empezar, ni siquiera era su nombre auténtico cuando él andaba por la Tierra. Era Yeshua, Yeshua hijo de José. De modo que necesitan algo exterior y le rezan a Jesús. Aquí debo decir, quizás como un *shock* para algunos de vosotros, que Jesús no es un ser con alma. No lo hallaréis en los otros reinos. Jesús es una manifestación de una consciencia grupal. De modo que ellos necesitan alguien a quien admirar y venerar e incluso sus líderes, líderes religiosos que no tienen idea de qué va el principio del Yo Soy, que no tienen idea de que Dios está realmente en el interior, son los que fomentan que sus grupos veneren a un remoto Jesús. Porque es una vía maravillosa para lo que vosotros quizás llamaríais anestesiarlos un poco, alejar un poco de sus mentes el dolor cotidiano. Pero también es una maravillosa manera de control. De modo que tanto la Iglesia cristiana como cualquiera de las otras religiones crean esos iconos. Pero los iconos están ahí afuera, en alguna parte, y difícilmente se fundan en la realidad.

P: ¿La consciencia cristiana está presente en cada ser humano?

R: La consciencia cristiana es el ser independiente. Es un tipo de energía cristalina, pero, por favor, comprende que no estamos hablando de vuestros cristales, los que colocáis en el tocador o en la mesilla de noche. Estamos hablando de cristal como la más clara forma de energía. Un tipo de energía neutra, inmaculada. Es el principio del Yo Soy, y se ha convertido en lo que se conoce como consciencia de Cristo. De hecho, tu propia consciencia cristalina.

P: Se ha hablado mucho sobre el 2012; ¿es un año que tiene algún significado?

R: Tal como yo lo veo, va a haber cierto maravilloso rendimiento de las viñas en el país en ese año, para hacer algunos vinos buenos. Va a haber un montón de titulares en los periódicos por su dramatismo. Los humanos se alimentan de dramas. Si pudiera embotellar dramas y venderlos, sería millonario, pese a que no tengo forma de usar el dinero.

»Los humanos se centrarán en ese evento en el 2012 y eso va a crear un cierto drama y paranoia y aparecerán libros sobre ello, y talleres y escuelas y cascos 2012, que podréis colocar en vuestras cabezas y todo tipo de cosas por el estilo. Y entonces llegará y se marchará y el 2013 estará aquí. Y entonces va a haber un montón de personas tristes y deprimidas que se sentían particularmente inspiradas por el 2012 y al no ver cambios en él, van a ir en busca de otro 2012, de otro gurú, de otra fecha, de otro color, de otro *algo* que puedan ver en el exterior de su ser. Pero uno de esos días, algún día, puede ser que bastantes humanos comiencen a recordar, se permitan recordar quiénes son y eso inspirará una nueva consciencia en la Tierra.

P: Pero, ¿no es que hay cada vez más gente recordando quiénes son?

R: Realmente no. En verdad la consciencia masiva, lo que nosotros llamamos hipnosis o la matriz, va tomando más y más peso. Y más y más humanos caen en el síndrome de «justo lo suficiente». Van cayendo en esa total y verdadera ausencia de la alegría de vivir. No es como lo esperamos o lo que elegiríamos, si fuéramos ellos; no obstante, la buena noticia es que hay ahí fuera disidentes, inconformistas. Están aquellos que se salen de la red. Están aquellos que pegan un gran salto de consciencia de su interior, miran hacia adentro en busca de respuestas, en lugar de dejar que alguien de fuera lo haga por ellos. Se introducen a un nivel muy profundo, muy profundamente en su interior hasta el punto en que sufren en cada nivel. Hasta el punto en que rompen la cuerda, el tipo de magnetismo que ejerce la consciencia masiva, y se marchan por su cuenta.

»Como puedes imaginar, ése es un viaje en solitario y debido al entrenamiento de figurarse que todo está afuera en la mente y de analizar sólo mentalmente, a menudo se quedan estancados en eso. Se quedan atrapados ahí, empantanados ahí abajo. Dudan de sí mismos. Dudan de todas las cosas que realmente sienten sobre la vida, sobre sí mismos y sobre los demás. Dudan de la inspiración que han alcanzado. Entonces tienden a ser absorbidos nuevamente por la matriz. Sin embargo, hay bastantes humanos ahora mismo en la Tierra que están escapando. Que miran hacia su interior y comprenden que son independientes. Los estándares de nueva consciencia y de energía de la consciencia cristiana a la que tú te has referido, van a servir como ejemplos. Van a ser ejemplos para otros humanos de que se puede atravesar el abismo que hay entre la vieja y la nueva consciencia. Que puedes integrar lo humano y lo divino aquí y ahora mismo. Que no tienes que esperar a morirte para eso; ni tienes que esperar a tu próxima reencarnación. Puedes hacerlo ahora.

»Ese pequeño grupo de rebeldes van a mostrar el camino. No vas a ver ese antiguo tipo de activo gurú que has visto en el pasado; ellos se mantendrán muy equilibrados y serán firmes estándares o ejemplos de la nueva consciencia.

P: Yo siento que soy uno de ellos.

R: Y por tanto lo eres. De hecho sabes cómo es ser un rebelde. Tú y yo hemos tenido muchas, muchas conversaciones. Largas conversaciones nocturnas. Siempre me ha sorprendido que puedas estar despierto hasta tan tarde. Pero tú siempre has tenido la tendencia a dudar de ti mismo.

P: ¿Cómo puede uno manejar la duda y desecharla de una vez por todas?

R: Es tan simple como salir de la mente. La duda funciona en la mente, es hermana del antiguo «virus de la energía sexual». Se mantiene atrapado en la mente. Imagina ahora que llegas a ese punto en el que dudas de ti mismo, lo que, de hecho, es fácil. Pero en lugar de darle vueltas en tu mente, de analizarte, que, básicamente, es precisamente juzgarte a ti mismo, en lugar de hacer cualquiera de esas cosas, sales de tu mente. Vas hacia tu propia consciencia expandida, te abres. Y dices, «Mente, para un momento, tómate unas vacaciones. Voy a ir hacia mi mayor nivel de consciencia». Inspiras, detienes la cháchara y el remolino que hay en tu mente. Te abres y recuerdas, y entonces te llega. Recuerdas esos momentos inspirados que tuviste. Recuerdas por qué has venido aquí a la Tierra, recuerdas las conversaciones que hemos tenido incluso en sueños que tú tiendes a olvidar cuando despiertas por la mañana. Cuando te abres hacia esa nueva consciencia, vas más allá de la mente y más allá de la duda.

P: Has mencionado un virus sexual, ¿puedes hablarme sobre eso?

R: Es básicamente una vieja herida. Es un antiguo desequilibrio energético. En cualquier momento en que la energía o la consciencia estén desequilibradas, buscarán la manera de volver a equilibrarse, incluyendo cosas que puedan parecer destructivas y contraproducentes. Pero si te detienes y les prestas atención, las energías solamente están tratando de reequilibrarse.

»Yendo muy atrás, mucho antes de que la Tierra existiera, hubo una herida o una quiebra en la energía masculina-femenina. No estoy hablando de hombres y mujeres; estoy hablando de aspectos de tu ser. Con esa quiebra de energía se produjo una herida, una tristeza que empezó a haber desde entonces y que persiste hasta ahora. La manera de volver a reunirlas de nuevo por fin es lo que llamamos virus de energía sexual. No es tratar el sexo como tú lo conoces, del tipo de tener sexo con otra persona para experimentar placer; es hablar sobre la naturaleza de lo masculino y lo femenino. La quiebra ha creado un virus de consciencia que no está controlado ahora mismo en la Tierra. El virus de la energía sexual roba la alegría de vivir de la persona. Roba felicidad.

»No es propiedad de nadie; no es parte de un secreto de Estado, no está controlado por fuerzas oscuras en los reinos angelicales, ni nada por el estilo. Simplemente es así. El virus de la energía sexual llega a tu vida y la afecta de maneras variadas, pero el factor más importante es que necesita energía. Y va a robarla, y cuando ya ha extraído suficiente energía de ti, te llevará a que tú la robes a otras personas para satisfacerlo, ¿lo ves? De modo que harás ciertas cosas, puede que asumir el papel de víctima, la víctima es uno de los grandes ladrones de energía que hay. Es el síndrome del «pobre de mí». Todo lo que hace es robar energía y consciencia de los demás. De modo que como tú estarás agotado, necesitarás robar de algún otro, ellos te roban a ti, y ya tienes toda una cadena de sucesos que está en marcha, que conscientemente desconoces. Simplemente ocurre. Eso predomina ahora mismo en la sociedad. Es probablemente uno de los asuntos más importantes. Pero, en última instancia, se trata de volver a reunir lo masculino y lo femenino en tu interior.

»Fíjate, no quiere decir que seas una entidad rota. Ni que tengas en tu interior fragmentos desconocidos de ti mismo por todas partes. De hecho puedes generar aspectos de manera creativa, pero eres consciente de ellos y te das cuenta de por qué están ahí y sabes cómo reintegrarlos en cualquier momento. Pero lo que tenemos ahora mismo es una situación en la que tenemos esa quiebra del alma básica del ser. Esos dos aspectos, el masculino y el femenino, están tratando de volver a reunirse a través del trabajo que muchos de vosotros y muchos de nosotros en nuestro reino estamos haciendo. Ha comenzado a ocurrir. Están empezando a reunirse.

P: ¿Qué ayudará a facilitar esa reunificación?

R: Todo se reduce a autoamarse. A que te ames a ti mismo. En la escuela de energía sexual que nosotros dirigimos, atravesamos un período muy intenso y de trasformación. No quiero revelar el final de la historia, porque es importante para los humanos, por lo menos ahora mismo, que atraviesen por todo el proceso. Yo puedo decir que involucra el amor por ti mismo, volver al punto de absoluto amor en el que estás. Nada más importa.

P: ¿El amarse a sí mismo tiene que ver con superar lo que nos han enseñado nuestros padres y que tan arraigado está?

R: Si entras en este tipo de análisis, y comienzas a penetrar en todas las cosas que has aprendido y la hipnosis y las capas que han depositado sobre ti o que tú has aceptado en tu propia vida, te volverás loco. Como han hecho muchos de los grandes maestros, el volverse loco supone potencialmente un valor, pero tú no tienes que hacerlo. No tienes que retroceder y psicoanalizarte, que es una actividad mental, o tener un psicólogo o un psiquiatra que lo haga por ti. Se trata de hacer una elección. Despertar una mañana, inspirar profundamente y hacer una elección consciente sobre amarte a ti mismo.

»Prueba a hacerlo mañana por la mañana. Despierta, inspira profundamente y di: «Hoy voy a amarme a mí mismo incondicionalmente y con gran compasión». En ese instante has cambiado tu energía y tu consciencia, tu dinámica. Y lo que va a suceder de inmediato es que habrá una parte de ti que lo rechace, que dirá que estás jugueteando contigo mismo. «¿Quién eres tú? ¿Acaso no has aprendido que es un error amarte a ti mismo? ¿No es narcisista? ¿No es quizás incluso malvado? ¿Acaso no es una idea estúpida que te ames a ti mismo?». Y entonces iniciarás todo el proceso de duda. Entonces vendrán las energías para ver cuánto de seriedad hay en ti en lo de amarte a ti mismo. Te desafiarán cuestiones exteriores e interiores a ti. La energía querrá saber: ¿eres auténtico o es otro de los juegos a los que sueles jugar? ¿Es un tipo diferente el de ahora? ¿Es la afirmación del mes o estás siendo realmente tú? Verás que la energía comienza a cambiar y se moviliza inmediatamente cuando haces una elección. Debes entender que ésta es la parte en que te estás probando a ti mismo. ¿Eres auténtico?

»Por otro lado, también comenzarán a clarificarse de inmediato las viejas energías. Esas viejas energías representan una pérdida de amor por ti mismo. Vas a atravesar un período de liberación. La liberación, a veces, significa que puedes perder cosas. Si tienes un trabajo en el que hay falta de amor por ti mismo, perderás ese trabajo. Si has conseguido un puesto solamente para ganar dinero, pensando que eso es lo que tienes que hacer para conseguirlo, perderás ese puesto. Vas a perder a algunos familiares y amigos porque todo ese viejo equipaje, la energía que no es compatible con la tuya, se verá mermada.

P: Si la vida en la Tierra puede ser tan dolorosa y difícil –tú dices que ella nos reabsorbe– pero que volver sigue siendo nuestra elección, ¿por qué seguimos haciéndolo?

R: Hay variadas razones. Algunos humanos son reabsorbidos por un trauma, y otros por karma. Tomemos como ejemplo a los que han muerto en una batalla de la Segunda Guerra Mundial. Perdieron sus cuerpos, por supuesto, se marcharon a otros reinos. Pero hay mucho de lo que tú llamas atracción traumática o emocional en lo que ellos sienten cuando vuelven a la Tierra, con muchos asuntos inacabados y, con frecuencia, están muy enfadados. De modo que son literalmente absorbidos de vuelta a ella. No es como cuando se marchan al otro lado teniendo toda esa gran consciencia y conocimiento. Todavía tienen demasiada consciencia humana. Y esa consciencia humana los llevará a ser nuevamente absorbidos. Hay una increíble atracción en la Tierra. Pero no es habitual que sea así.

»Pero con tantos humanos teniendo tantas experiencias y tanta energía en la Tierra, es como un increíble y poderosísimo imán lo que los empuja hacia arriba, hasta tal punto que el ser humano en la Tierra –no el ser del alma en la Tierra– finalmente dice, «Ya he tenido bastante, quiero una vía diferente», lo cual envía una especie de toque de clarín a su espíritu que le indica, ahora es el momento de que venga el alma, ahora. Es tiempo de que todos los aspectos de su ser se unifiquen. La llamada del clarín concluye y eso da comienzo al increíble proceso de trasformación. El proceso no necesariamente ocurre en un año o dos. O en una vida o dos. A muchos humanos les puede llevar cinco o diez vidas que ocurra. Es un proceso. Nosotros estamos encantados de que tantos humanos con los que estamos trabajando ahora mismo, el grupo llamado Shaumbra, lo estén haciendo —muchos de ellos— en una sola vida.

P: ¿No es cierto que en la nueva energía el proceso puede acelerarse?

R: Totalmente. La nueva energía provee de mayores posibilidades que nunca antes y un tipo diferente de energía mental o una dinámica distinta de la que estaba disponible anteriormente. Es un pozo más profundo de tu propia consciencia lo que viene, y lo que genera dificultad es que no actúa como la vieja energía. Muchos humanos están buscando renovar o mejorar la vieja energía. Un poco más fácil, un poco más rápido. Lo que ellos aún no imaginan es que es completamente diferente, actúa de manera diferente. Tiene un aspecto diferente, huele diferente y funciona de forma diferente. Más que nada, la nueva energía no entra en la dinámica de repetirse a sí misma, una característica de la vieja energía. La nueva energía será diferente cada vez que la utilices, incluso si la utilizas exactamente igual o por la misma razón. Será distinta cada vez. Los humanos siguen pautas y esperan que las cosas respondan o actúen de la misma manera en general cada vez que lo hacen. La nueva energía es completamente diferente.

P: Un término que he estado oyendo mucho recientemente es «trabajador de la luz», ¿puedes comentarme algo sobre eso y qué es?

R: Es una mitad. Tú tienes que ser un trabajador de la luz y de la oscuridad. Los trabajadores de la luz —aquellos que tienden únicamente hacia la luz— están básicamente desequilibrados. Y entonces, antes o después, tendrán que experimentar su parte oscura, a la cual le tienen un miedo cerval. Tienen miedo de esa parte oscura que hay en su interior. ¿Por qué la etiquetan como oscura? ¿Por qué piensan que es el mal? Si es simplemente uno de sus aspectos.

»Ya hemos dicho en una de nuestras trasmisiones anteriores, que la oscuridad es realmente vuestra divinidad. Es la parte de vosotros que os quiere tanto, que toma todos vuestros prejuicios y vuestras dudas y defectos y todo aquello que a vosotros no os gusta de vuestro ser y lo contiene en vuestro lugar. Y entonces desarrollas un juego. Te llamas a ti mismo trabajador de la luz, como si ni siquiera admitieras que la oscuridad existe, que *tu* oscuridad existe. Pero antes o después tienes que llegar a un acuerdo con ella. Es una dinámica interesante, porque algunas personas que se llaman a sí mismas trabajadoras de la luz huyen de la oscuridad, la temen. Piensan que tiene más poder que ellos. También creen que van a asegurarse el camino hacia algún tipo de extraño cielo, en alguna parte, si salen a esparcir polvos mágicos sobre todos los humanos que los rodean. Tratan de salvar al mundo, pero se olvidan de salvarse a sí mismos. De modo que no nos gusta usar la palabra «trabajador de la luz», pese a que sabemos que la intención es buena.

P: Tú has hablado también de ascensión. ¿Qué significa eso?

R: La ascensión es cuando por fin aceptas el hecho de que tú también eres Dios. Que eres lo que eres. Que no estás atrapado o limitado en tu naturaleza humana, cuando comprendes que eres completamente libre. Eso es ascensión. Cuando entiendes que no hay un Dios ahí afuera. Cuando no necesitas apaciguar a algún dios, espíritu o a ángeles exteriores. Ascensión es cuando comprendes que tú eres tu propio Uno. También existe ese otro concepto y que para mí se ha quedado anticuado, que es bastante viejo. Y es que todos nosotros somos uno. Es un antiguo concepto de la Atlántida. No somos todos uno. Tú eres tu propio Uno. Cuando lo entiendes y lo sientes —no sólo lo piensas desde tu cabeza, sino cuando verdaderamente entiendes que tú eres tu propio Uno— es cuando por fin sientes gran compasión por cualquier otra cosa. Comprendes el destino de cada cual. Entiendes que todos venimos de la misma fuente, pero que no somos un pozo de agua grande y especial de unidad de consciencia.

»Cuando llegas al punto de ascensión, comprendes que tú también eres Dios. Y entonces cualquier cosa que ves, la vez de una manera completamente diferente. Comprendes que ellos están todavía en el antiguo concepto de unidad y cielo y Dios. Y eso está bien para ellos, pero tú has descubierto que tú eres tu propio Uno.

Ahora eso suena frío quizás, e impersonal, pero te puedo decir que realmente es lo más grande de todo lo que hay. Ése es el punto en que verdaderamente comprendes cómo funciona todo.

P: A mí me parece que la gente que está atrapada en las adicciones y el materialismo está tratando de llenar algún tipo de vacío en su interior. ¿Cuál es ese vacío y cuál la mejor manera de llenarlo?

R: Son un par de cosas, una parte es simplemente negación en lugar de mirar una vez más al interior, en busca de tus propias respuestas y tu propia plenitud. Las personas que tienen adicciones encuentran a corto plazo y temporalmente placer allí donde consiguen evitar hacer una auténtica búsqueda en su interior. De manera que es un mecanismo de negación. Pero hay otro aspecto en eso. Y nos retrotrae a los días de la Atlántida, cuando nosotros buscábamos adecuar y estandarizar el cuerpo humano. También intentábamos estandarizar el cerebro. De modo que no éramos todos de diferente talla y figura; éramos muy, muy similares. Hubo un tiempo en la Atlántida, en que algunas de las energías se desequilibraron mucho, y aquellos que estaban en posiciones de liderazgo o control, literalmente incorporaron a la biología humana y también introdujeron en la mente un tipo de centro de placer, un centro de placer artificial. Por aquel entonces fue una herramienta muy eficaz, porque podías conseguir que alguien trabajara muy duro durante mucho tiempo –y realmente robarle su energía– y darle apenas una pequeña pizca de placer. En aquella época era un placer que procedía de las plantas –parecido a lo que tenéis hoy– y también placer sexual.

»De modo que básicamente tú puedes tener una sociedad esclavista y conservar los esclavos sin necesidad de ponerles grilletes en las muñecas o en los tobillos, porque los controlas a través del pequeño centro de placer. Esa energía se traslada hacia adelante incluso en las modernas consciencias, de modo que interviene en las adicciones. Se trata de originar placer en ese centro, continuamente, pero justo lo suficiente para ir apañándose.

P: Si la vida es un juego, Tobias, ¿por qué la gente no se divierte más?

R: No quise decir que la vida es un juego. La vida es más bien una ilusión, antes que un juego. La vida es una experiencia, pero no necesariamente algo frívolo. La vida puede ser disfrutada como un juego –en otras palabras, no tomarse tan en serio las cosas– pero también al mismo tiempo está la tremenda expansión de consciencia en cada uno de tus diferentes niveles, al vivir aquí en la Tierra.

»Los humanos se han vuelto muy mentales. Han llegado hasta el punto en el que están continuamente mirando hacia afuera, y ésa es una fórmula muy poderosa. Muy pronto lo que tienes es gente corriendo en círculos. Incluso los líderes están corriendo en círculos ahora mismo. Y lo que tienes es un grupo de humanos –un grupo numeroso– que ni siquiera sabe por qué está corriendo en círculo, que ni siquiera entiende por qué lo hace. Han sido programados para hacerlo, de modo que lo hacen. Hasta que llega un punto en el que algo se desencadena dentro del humano –un toque en el hombro espiritual, por así decirlo– y es cuando recuerdan que hay más. Recuerdan que tiene que haber algo más, y entonces desean más. Y es entonces cuando comienza el despertar espiritual.

»Es cuando ellos pasan de ser solamente un humano corriendo en ese círculo a un humano corriendo alrededor del círculo, pero también buscando la salida. Eso es de lo que trata «el despertar», y muchos humanos están tratando de empezar ahora mismo a hacerlo.

»Pero no tienen dónde buscar ejemplos, ni dónde buscar a aquellos que puedan ayudarlos a ayudarse a sí mismos, ¿lo ves? Pero hay un pequeño grupo al que seguiremos refiriéndonos –un pequeño grupo de humanos– que lo están haciendo, que están yendo más allá.

P: ¿Y son los «Shaumbra»? ¿Qué significa esta palabra?

R: Es una palabra que significa «nuestro grupo de amigos». Hemos estado juntos antes. Tenemos tan profundo amor y afecto por la humanidad que nos usaremos a nosotros mismos como procesadores de consciencia para intentar crear nuevas posibilidades. Para tratar de crear consciencias más libres en la Tierra precisamente ahora. Somos todos viejos amigos que han estado juntos antes.

P: Como conclusión, Tobias, ¿hay algunas palabras de despedida con las que te gustaría dejarnos?

R: Como solemos concluir nosotros, voy a decir «ve más allá». Ve más allá. Vuélvete loco. Abre tus pensamientos, abre tu consciencia. Está ocurriendo en tu interior, pero ahora se trata de abrir las puertas de ti mismo. De permitirte imaginar nuevamente. ¿Cuánto tiempo hace desde que realmente has imaginado? No estoy hablando de un enfoque mental. Estoy hablando de imaginación. Imagínate a ti mismo remontándote hacia los reinos angelicales y –adivina qué– esto ya lo has hecho. Imagínate cantando nuevas canciones, creando música, escribiendo libros, pintando cuadros. Imagínate despertando por la mañana y mirando hacia el día que tienes por delante, no pensando sobre cómo habrás de pasarlo. Ábrete ahora, ve más allá, y no tengas miedo de lo que vayas a perder, porque de todas maneras, no lo necesitas. Y así es.

*   *   *

Geoff salió del trance, se frotó los ojos y nos dedicó una pequeña sonrisa cuando tomó la mano de su mujer. Miré hacia Matt y su rostro lucía un aspecto sereno y cálido. Sentí una extraña combinación de relajación y entusiasmo; pienso que lo último surgía del hecho de que sencillamente quería seguir charlando con Tobias, que resultó ser mi viejo amigo.

Cuando volvíamos al encantador Eldora, ya eran pasadas las diez de la noche. Matt y yo nos liquidamos un par de cervezas y cotilleamos sobre los sucesos de la tarde. «Hay *tanta* información ofrecida en cada una de estas entrevistas», comentó.

«Es justo como si me envolviera una ola y me sintiera empapado por ella, pero todo eso lo voy a incorporar realmente después. Quiero decir que todavía estoy procesándolo de alguna manera, todo eso de "Hitler hizo un servicio" de las primeras dos entrevistas, y ahora Tobias dice, «Tú también eres Dios.» Aquí está pasando algo especial. Estoy realmente impresionado de lo fácilmente que todo eso se integra. Hace poco dirigí un espectáculo en Canadá, y hubo un problema tras otro. Pero esto está trascurriendo sin necesidad de hacer ningún esfuerzo».

Estuve de acuerdo con Matt en todos los puntos. Pero ninguno de nosotros parecía preparado para empezar verdaderamente a procesar apropiadamente el momento. No éramos estudiantes rabínicos enclaustrados en una fría *yeshiva*[4] de piedra. (*Vale,* la ha-

---

4. Academia de estudios rabínicos.

bitación *estaba* un poco helada. Pero no era demasiado claustrofóbica). Después de toda esa expansión de conciencia de los Hoppes y Tobias necesitábamos liberarnos.

Tomé el volante rumbo a Malibú y nos dirigimos hacia el primer abrevadero, un bar de pueblo a unas veinte millas (algo más de 32 km). La carretera trazaba allí la verdadera definición de curva cerrada, nuestro coche «bordaba» sobre el nevado paisaje de aquí para allí, adelante y atrás. En casi todas las curvas veíamos señales indicando que estábamos entrando en un nuevo condado. Jefferson. Boulder. Gilpin. Y después en el orden inverso.

Nos divertimos con lo absurdo de la situación. Parecía que andábamos en círculos, como tantos humanos, sin GPS. Pero llegamos al bar, un antiguo establo convertido en un negocio.

Escaleras abajo, el bar estaba prácticamente vacío, lo que parecía raro porque había montones de coches en el aparcamiento. Escaleras arriba, dijo el encargado, es donde estaba la acción.

Tomamos un par de cervezas y escuchamos una sorprendentemente buena y enigmática banda, repleta de trompetas y guitarras acústicas. Justo a medianoche comenzaron a brillar luces multicolores y los empleados del bar le dieron hula-hops a todo aquel que quiso uno. Yo quise. Matt quiso también.

Cuando la banda tocó una pieza rápida, «hula hopeamos» con extraños en aquel remoto bar, en una noche nevada en las misteriosas montañas de Colorado.

Cuatro

Shawn Randall canalizando a Torah

Unos días antes de nuestra entrevista con el cuarto canalizador, recibí algunas noticias angustiantes: un amigo mío se suicidó. No éramos muy íntimos –jugábamos juntos al softball y de vez en cuando nos reuníamos– pero aun así la revelación me trastornó.

«Sam» dejaba atrás dos niños pequeños y una carrera sólida. En general, parecía un hombre feliz y satisfecho; era generoso y muy dado a hacer chistes. No obstante, mirando retrospectivamente, me había dado claves acerca de su verdadero estado mental. Había pasado por un doloroso divorcio y solía hablar de problemas económicos. También me había contado, mientras bebíamos cerveza un par de veces, que en ciertos momentos, se sentía «estancado» y no se dedicaba plenamente a hacer realidad su sueño de ser locutor deportivo. Creía que entonces era demasiado tarde para eso, pese a que aún no tenía cuarenta años, y que en su vida todo era «una tomadura de pelo».

En aquel momento simplemente parecían quejas generales, del tipo de las que se puede oír a cualquiera sentado en la silla de cualquier taberna del mundo. Pero se me cortó la respiración cuando oí que eligió tomarse un puñado de pastillas a pasar otro día en el planeta.

Me pregunté si incluso en mi momento más bajo, alguna vez yo hubiera dado un paso tan radical como ése. Tales eran los pensamientos que sacudían las paredes interiores de mi esqueleto, cuando me encontré con Matt en una calle de las afueras, en las montañas de Woodland, en el valle de San Fernando, a sólo pocas millas de donde habíamos entrevistado a Darryl y Bashar. Era la primera semana del nuevo año, el cielo estaba gris como el granito y lloviznaba.

Debido a las inquietantes noticias que había recibido y el clima desapacible, me sentía algo melancólico ese día. No obstante, estaba ansioso por conocer a Shawn Randall, que había estado canalizando a un ser llamado «Torah» desde 1983; de modo que me hablé a mí mismo en un tono más animado. Shawn era una exbailarina de ballet y actriz, que ahora daba clases en la zona de Los Ángeles sobre cómo convertirse en canalizadores.

Cuando nos saludó en la puerta de su oficina, Shawn parecía bien dispuesta y cálida. Tenía 65 años, pero, al igual que igual que otros canalizadores, hubiera podido tener fácilmente diez menos. Había algo en esas personas…, cada una de ellas aparentaba ser más joven que su edad cronológica.

Matt, que ya estaba en condiciones de rodar, dispuso el equipo rápidamente y en seguida estuvimos en marcha. Igual que con los otros, primero conversé con Shawn antes de que apareciera el espíritu.

«Toda mi vida estuve interesada por la metafísica, pero lo de la canalización realmente comenzó para mí al principio de los ochenta, en una clase en la que estábamos estudiando hacer un puente trans, un puente interpsíquico hacia otras fuentes de inteligencia –dijo–. Y así fue como surgió en el contexto de esa clase.

»Tuve la fuerte sensación de que mi vida debía tomar ese rumbo. Sentía que todo era bueno bien y natural y armónico. Entonces trabajé con una psicóloga, la doctora Margo Chandley. Ella podía ayudarme en la práctica de cómo acceder al trance y permitir que hablasen las entidades. Y eso me resultó muy natural, a lo largo de todo el proceso, porque siempre obtuve confirmación a través de mi conexión telepática con mis amigos invisibles de que todo estaba marchando tal como estaba programado.

»Y entonces comencé a recibir noticias y recomendaciones de ellos y qué debía hacer para prepararme. Y todo se sentía real, pero realmente cómodo y muy pero muy armonioso. Muy, muy bonito. Además, yo contaba con aquella maravillosa psicóloga con la que podía hablar e informarle sobre todo eso. De modo que nunca me sentí rara o que me estuviera pasando algo fuera de lo normal. Sé que para algunas personas puede resultar extraño y perturbador. Pero para mí no lo fue nunca».

Shawn no ofreció mucha información en la línea de describir a Torah, excepto decir que era como un «amigo no físico. Se describió asímismo como una "conciencia multidimensional que ya no quería reencarnarse". El nombre *Torah*, significa "enseñar sobre el amor y la luz" y dijo que aquello no era una referencia específica a los textos hebreos. De modo que eso fue suficiente para mí».

Y también para mí. Estábamos listos para pasar a la canalización, de manera que Shawn, como habían hecho los demás, cerró sus ojos e inspiró de aquel modo tan profundo varias veces. Estiró suavemente los hombros, agitó sus brazos. Sólo unos pocos segundos después su rostro se iluminó intensamente, y una gran sonrisa dominó su rostro, como si Torah resplandeciera a través de ella.

«Muy bien. Muy bien, os saludamos y saludamos de hecho a todos vosotros y a cada uno, sí», dijo Torah. La voz era diferente y, al igual que Wendy cuando entró en trance, sonaba levemente inglesa, aunque no de forma tan pronunciada. «Es un placer estar con vosotros de esta manera, es realmente una delicia y un placer estar hablando con vosotros. Tendrás que orientarnos sobre cuál es tu propósito al estar aquí y sobre tus preguntas. De modo que, queridos, os diremos que bienvenidos y ¿cómo queréis comenzar hoy?».

A medida que continuamos, descubrí que la energía de Torah era menos rimbombante que la de Bashar, y quizás más cercana a la delicadeza de los pleyadianos. Pude sentir que la esencia que emanaba de Torah era como una brisa amorosa, y eso hizo que la entrevista fuera muy agradable y relajada. Dado mi frágil estado mental, era exactamente lo que necesitaba.

*   *   *

P: ¿Consideras que éste es un período especial en la Tierra, y si es así, por qué?

R: Nosotros simplemente le otorgamos la categoría de período especial debido a que la evolución de la consciencia humana se ha vuelto visible. Ciertamente se ha vuelto más exigente. Pero se ha vuelto visible y conocida, se ha vuelto activa, así como también parte de la vida.

P: Algunas personas lo han llamado proceso de ascensión. ¿Suscribes este punto de vista, y si lo haces, qué es la ascensión?

R: Bueno, nosotros preferimos no usar la palabra «ascensión», porque ciertamente tiene ciertas connotaciones bíblicas y se remonta al pasado, a las viejas hipótesis. Y porque esa palabra acarrea demasiado equipaje para nuestros objetivos. De modo que no usamos esa palabra. No podemos hablar por otros, pero quizás ellos hablan de la elevación de la vibración o la frecuencia que está ocurriendo, y en ese sentido podríamos decir que el ser humano está realmente trasformándose. Entonces quizás sea ésa la palabra que podríamos usar: trasformación, integración o individuación. Eso estaría más en línea con nuestra forma de hablar.

»De manera que si piensas en trasformación, bien, eso está ocurriendo, y la trasformación de la conciencia en el planeta no es algo que vaya simplemente de la A hasta la Z y se produzca en un determinado período de tiempo ni en la fecha tal de cual y así o asá, y ¡bingo!, tiene que ser producida. No, no. Es como los cambios de las eras. Lleva mucho tiempo. Uno no puede decir la fecha exacta en que comenzó la Era de Acuario, por ejemplo, sólo dar aproximaciones. Y lo mismo ocurre con la idea de la evolución y trasformación de la consciencia humana, que es algo que es prolongado; se produce a lo largo de un período de tiempo, sin un comienzo concreto. Ahora, los seres humanos tienen tendencia a apreciar las fechas. Aman las fechas. Porque les dan un sentido del orden, de posicionamiento. Es como lo que se denomina vuestra

«Convergencia Armónica», 1987, etc. Esas fechas se convierten en hitos para la gente, y pueden decir que es cuando ocurrió algo; te has graduado en la facultad en ese año, te casaste, o lo que sea. Y eso ordena la forma en que la gente piensa en las cosas, ciertamente. De modo que eso era así en aquellos tiempos en que la gente disfrutaba dándose a sí misma un orden.

»Establecían una fecha límite propia, con el 2012 en el horizonte. «Ah, sí, en el 2012 esto y aquello, y así y así». Considerando eso era como «la gente de fecha límite» tomaba consciencia de sí misma. «Mejor tenerlo todo resuelto para el 2012 o puede que suceda algo terrible». Y por supuesto que no será así. La fecha no se presentará repentinamente e instantáneamente todo el planeta cambiará. Se trata de un período especial y son los seres humanos los que lo harán especial. Es el enfoque de la intención y la atención que los seres humanos depositan en ciertas fechas y períodos de tiempo lo que de hecho determina en qué se convertirán. Y sí, es una época fabulosa de trasformación y elevación espiritual, ciertamente es así, un tiempo muy excitante, y también un tiempo muy importante para tratar de incorporar la nueva sabiduría, que es la antigua sabiduría, por cierto, pero incorporarla de manera avanzada, de forma que pueda tener un uso práctico en el planeta.

»Dejar que se incorpore a vuestra vida, a lo que deseáis hacer por el planeta, en favor de la ecología, en relación al sistema político, etcétera. Es un tiempo de integración, no de separación. De integrar la propia integridad, los propios principios, los ideales sobre cómo debe vivirse y de cómo crear en el planeta, para que se sitúe en un orden superior.

P: De modo que éste no es momento para meditar a solas en la cima de una montaña. Realmente hay que salir y vivir la vida, e incorporar algunos de esos principios.

R: Absolutamente, es el momento de incorporar esos principios; es momento de vivirlos. Es tiempo de poner tu voz y tus pasos donde está tu mente. De verdad, de verdad que es un tiempo para vivirlo y estar en él, y de poner las buenas intenciones en acción. Ciertamente.

P: ¿Entonces el año 2012 no tiene un verdadero significado, pese a que tanta gente está concentrada en eso?

R: Oh, en ese año hay un profundo significado desde el punto de vista astronómico y astrológico. Cierto. Tiene un gran significado, pero eso nos lleva a un montón de interpretaciones, como es la Convergencia Armónica, por ejemplo. Puedes usarla de la manera que lo desees, y es una oportunidad maravillosa, como indicador de la evolución de que la consciencia humana se está haciendo más visible.

P: Te refieres a ti mismo como «nosotros» en lugar de «yo». ¿Podrías hablar de eso?

R: Ciertamente es así. Nosotros somos conscientes de muchos, muchos de nuestros niveles de conciencia, y el aspecto del que somos conscientes cuando te hablamos a ti, a través de este canal, es muy distinto a aquellos de los que somos conscientes en la realidad de nuestra propia dimensión. Y debido a que hay tantos niveles, en ese sentido, sentimos que el pronombre «yo» no los incluye a todos. Por eso decimos «nosotros».

*　*　*

No me sentía tan involucrado en este intercambio como lo había estado en los tres anteriores. Mi mente seguía retrocediendo hasta mi amigo… Lo veía atrapando un balón en el campo izquierdo, disparándolo hacia mí en corto. Ahora me doy cuenta de que podía haberle preguntado a Torah sobre su suicidio, pero me parecía algo poco apropiado, demasiado personal. De modo que seguí con algo más universal…

*　*　*

P: ¿Cuál es tu idea de la ley de la atracción?

R: La ley de la atracción es muy importante y dinámica. Es un principio ordenador del universo. Ha estado en nuestro entorno durante mucho tiempo. Siempre estuvo aquí. Y la ley de la atracción básicamente se refiere a la ley de la afinidad, lo semejante se atrae. Lo delicado de la ley de la atracción es que es imprescindible verla en toda su complejidad. Simplificarla demasiado puede llevar quizás al engaño. Es necesario que la veas con mucha apertura de miras. Igual que cuando hablábamos hace un momento sobre ser conscientes de nuestro ser en muchos niveles de conciencia. La mente consciente, inconsciente, subconsciente. La participación inconsciente colectiva y la mente de la consciencia superior. Y si todos estos niveles no están armonizados de alguna manera, entonces de hecho la Ley de la Atracción no funcionará.

»De modo que puedes pensar con tu mente consciente de una manera, y decirte a ti mismo durante todo el día «Sé que me lo merezco. Sé que me lo merezco, la abundancia me está llegando, la abundancia me está llegando».

»Pero si el subconsciente y el inconsciente no están en la misma línea, no serás capaz de hacer funcionar la ley de la atracción. Vas a estar atrayendo desde otro nivel de conciencia. De modo que la ley de la atracción ha sido muy simplificada y nosotros sugeriríamos que es, de lejos, mucho más intrincada de lo que con frecuencia se hace ver en estos días, en su versión más popular.

»De manera que nosotros siempre le decimos a la gente, «Muy bien, la ley de la atracción es una cosa maravillosa, pero profundiza, mira más allá, comprende la complejidad de todo lo que significa la frecuencia. Comprende la complejidad de tu propia conciencia y de tus intenciones subconscientes, de tus creencias subconscientes. Compréndelas, y si es necesario que algunas de ellos cambien, planifica como lo harás».

P: ¿Cuál es la mejor manera de hacerlo? A veces es difícil llegar hasta la raíz de la creencia.

R: De hecho, es así. Eso lo haces teniendo contacto con los estados mentales de meditación. Siendo capaz de compenetrarte, de hacer un trabajo de compenetración, con la mente subconsciente, eso es muy importante. Estar compenetrado con la mente inconsciente es todavía más profundo e incluso más dificultoso. Pero esa labor con el subconsciente y el inconsciente puede lograrse, prestando realmente mucha atención a los sueños, a la manera en que os afecta la visualización y la terapia imaginativa guiada, por ejemplo. Esta última puede ser de gran ayuda para que los cambios realmente os afecten. También supervisar pensamientos y sentimientos y realmente hacer la elección de cambiar los bloqueos que puede haber en ellos. Algunas personas dicen que quieren ser felices, por ejemplo, pero en lugar de eso se dedican a estar enfadados o a ser estrictos. De manera que si supervisan eso y son capaces de decir, «Vaya, mira esto, mis actos indican que me dedico más a estar enfadado o a ser estricto, por lo tanto vamos a cambiar eso en mis pensamientos y mis sentimientos, en mis acciones»; meditando, funciona.

»También podéis hacer cambios efectivos, modificando vuestra conducta. Porque si vosotros cambiáis y os comportáis con cierta disciplina, antes o después el subconsciente toma la idea. «Ah, son serios, ellos realmente están escogiendo creer esto. Lo demuestran estas acciones». El subconsciente responde a los cambios consistentes de los actos. De modo que decimos que podéis cambiar desde afuera hacia adentro y desde adentro hacia afuera. Es mejor hacerlo si se planifica. Nos gusta pensar en ello como cuando se enciende una vela por ambos extremos. Así, el fuego se junta en el centro y ¡bingo! Habéis conseguido cambiar tanto en el ser como en la vibración de la persona.

*   *   *

Me pregunté qué material canalizado hubiese ayudado a mi amigo a salir adelante. ¿Lo habría usado él para contribuir a aumentar su propia vibración, para atraer más de lo que quería, más luz, cosas más positivas? Recordé que le había mencionado mi interés por la canalización varias veces, pero él no parecía interesado, así que sencillamente dejé de hablarle de eso. Intenté mantener mi cabeza en la entrevista y concentrado en ella, elaborando una lista de preguntas.

*   *   *

P: A menudo, los sueños parecen un galimatías visual. ¿Cómo puede alguien interpretar mejor los sueños?

R: Bien, lo primero es escribirlos. Una manera sencilla de trabajar sobre los sueños es escribirlos y encerrar en un círculo las frases o palabras que te parezcan relevantes, que golpeen tu estómago, por así decirlo. Y entonces observar: ¿qué es lo que te recuerdan, algo del pasado, algo que puede haberte ocurrido? ¿Cuál es su significado? Los sueños están ahí realmente para enseñar, y lo hacen de muchas, muchas maneras. Los sueños son un asunto importante. Algo maravilloso, eso son los sueños. Porque son una forma de que la gente contacte con el estado de no localidad de su ser cotidiano. Cada día tú entras en contacto con tu ser no localizado durante el sueño. Cada día tienes sueños fuera del tiempo lineal, fuera del tiempo y el espacio, y debes escribir sobre ellos, recordar cómo te hicieron sentir, recordar lo que has aprendido de ellos.

»Los sueños en los que se vuela, oh, qué cosa maravillosa. Esos sueños son importantes porque te enseñan cómo es tener una voluntad completamente libre, cómo es elegir libremente. Te recuerdan cómo era el estado entre una y otra vida. La libertad, el dominio, la maravillosa sorpresa de la consciencia y cómo no existen límites que procedan del reino físico.

*　*　*

Me di cuenta de que seguía distraído por mis pensamientos sobre Sam y me obligué a concentrarme. Sencillamente, no podía dejar de estremecerme por la idea de que alguien a quien realmente conocía había elegido tan repentino final físico. Me chocaba la idea de lo difícil que resulta saber qué es lo que realmente está revolviéndose en el interior de otro humano. Él tenía montones de problemas, pero todas las entidades dicen que lo primordial son los *pensamientos* que se tiene sobre esos problemas, no los desafíos en sí mismos.

*　*　*

P: También se habla mucho de cómo el «pensamiento crea». Yo creo que es así, pero ¿es más complejo que eso?

R: Muy complejo. El pensamiento crea, pero tenéis que observar cuál de los pensamientos lo hace. Como ya hemos mencionado, el subconsciente tiene sus propias intenciones, y no siempre eres consciente de lo que piensa. Los pensamientos conscientes son muy significativos, pero también existen pensamientos subconscientes e inconscientes; es como una frecuencia que estuviera emitiendo constantemente. De modo que si podéis armonizar con el sentido de vuestro subconsciente, entonces el pensamiento consciente está más inclinado a manifestar o crear lo que desea.

P: Muchísimos humanos desean mayor abundancia en sus vidas, pese a que no parecen capaces de producirla. ¿Qué consejo práctico hay para crear mayor abundancia en la vida?

R: Bueno, lo primero es examinar la historia y los condicionamientos de la persona. Ella está condicionada por un cierto grado de abundancia o no abundancia, dependiendo de las condiciones preexistentes con los que sus padres la han criado. De modo que el condicionamiento es lo primero que hay que ver, porque es lo que va a determinar cuál es el sistema de creencias y a qué está apegado el subconsciente. Si ahí hay una limitación, entonces querréis encararla terapéuticamente, de forma trasformadora, para curar el concepto equivocado cualquiera que éste sea, porque todos los humanos, de manera innata, lo merecen, es un merecimiento inherente. Es cuestión de reconocerlo, admitirlo, comprenderlo y creer en ello.

* * *

Pensé si Sam poseía ese sentido, el de *merecer* la vida que quería, si pensaba que merecía la auténtica alegría y la plenitud. La respuesta, concluí, era evidente en sí misma, considerando lo que había hecho.

¿Sentía yo que merecía la abundancia en todo? Puede que no del todo, no. Pero a diferencia de mi amigo muerto, yo quería seguir trabajando en ello.

* * *

P: ¿Hay modalidades específicas o técnicas que pueden ayudar a las personas a producir mayor abundancia o a cambiar el núcleo de su sistema de creencias para poder hacerlo?

R: Ah, bien dicho. Cambiar el núcleo del sistema de creencias y todo lo que confluye en dicho sistema. Hay muchas, muchas maneras. Una vez más, comenzaremos diciendo que deben curarse los antiguos condicionamientos que se contienen ahí. Trabajar en estados modificados es muy importante, porque modificando el estado de conciencia, el consciente, el subconsciente y el inconsciente pueden dialogar entre sí, y el propósito que tienes conscientemente puede ser asimilado por el inconsciente. Las afirmaciones son muy agradables de esa manera. Si conscientemente repetís afirmaciones y las sentís en vuestro cuerpo, debéis recordar que el subconsciente armoniza con lo que el cuerpo percibe. Y si realmente sentís la excitación y la diversión de «Estoy sintiendo mi abundancia y quiero creer que estoy cambiando mis condicionamientos, lo siento plenamente», al repetirlo muchas veces, el subconsciente comienza a hacerse a la idea. «Oh, él es serio. Oh, ella es seria. Ella realmente lo siente ahora. Mejor considerar el cambio en lugar de la estructura de las creencias». De manera que las afirmaciones pueden funcionar así, cambiando la energía que se siente en el entorno, sintiendo plenamente con el cuerpo, trabajando con las sinapsis del cerebro. Absolutamente así. Trabajar con las sinapsis del cerebro. Enviar a las neuronas por diferentes rutas, ya sabes. Y repetir una y otra vez este tipo de cosas, también puede producir cambios.

»Básicamente, cuando hablamos sobre cambiar la situación de abundancia de una persona, es casi necesario tomar caso por caso, individualmente, porque cada ser humano es distinto. Pero hay ciertas cosas que pueden funcionar muy bien para la gran mayoría. Una de ellas es la idea de cambiar vuestros pensamientos, cambiar vuestros sentimientos y trabajar plenamente con afirmaciones.

* * *

Aún seguía sintiendo que entrar en detalles era algo poco apropiado, pero los pensamientos sobre Sam seguían resonando en mi cerebro, de modo que finalmente abordé el tema, aunque de forma indirecta.

* * *

P: Parece ser que hay muchas personas —no todas, pero sí muchas— desesperadas. ¿Por qué pasa eso y qué pueden hacer para no sentirse así?

R: Quizás podríamos plantear de otra manera el tema del que estás hablando, «Parece como si estuviéramos viviendo en tiempos problemáticos». Pero distintas personas responderán a eso de maneras diferentes. Algunas no lo tomarán como desesperación o para su desesperación. Algunas elegirán la elevada senda del optimismo y serán muy proactivas en hacer cambios. Otras puede que digan: «Oh, éstos son tiempos problemáticos, es demasiado para mí, voy a aceptarlos y simplemente quedaré a merced de ellos en lugar de elegir y ser un instrumento de cambio proactivo».

»De modo que si la gente se siente desesperada, quizás ésa es su senda personal, puede que algunos lo llamen karma, o lo que ellos tengan que aprender para trasformar. Porque el mundo en sí, ahora mismo, no está desesperado, pese a que ciertos tiempos sean problemáticos. Nuevos problemas, conflictos ideológicos, diferentes formas de guerra o pensamientos, ideales y principios. Y en ese sentido está habiendo enormes cambios en el planeta. Pero no es algo que de genere desesperación por sí mismo. Es la persona la que se permite estar desesperada.

$$* \quad * \quad *$$

Sí, eso es lo que él hizo. Sucumbir a ello, no fue proactivo para elegir de manera diferente, consistente, momento a momento, día a día. Compredí cómo yo había tirado de mí mismo hacia afuera de las arenas movedizas del desaliento…, no había sido un movimiento de gigante ni una única epifanía transcendental, sino que lo había hecho avanzando lenta y duramente, pasito a pasito.

$$* \quad * \quad *$$

P: ¿Cuál es tu opinión sobre la humanidad en general?

R: Bien, particularmente en este momento nosotros vemos a los humanos, y disfrutamos mucho viéndolos, como un gran potencial que está comenzando a darse cuenta por sí mismo de que están frente a desafíos más importantes que nunca. Los desafíos pueden ser enormes, pero también la capacidad humana, por sus infinitas posibilidades, está en el horizonte más que nunca antes, ciertamente. Eso es porque las capacidades en la conciencia se han expandido y acrecentado. Las personas son conscientes de los muchos niveles de conciencia, y de que los estados de conciencia alterados están disponibles para todos. Todos tienen sueños, por ejemplo. Ése es un estado de conciencia alterado.

»De modo que nosotros decimos que la humanidad está en un proceso sumamente fascinante, de llevar su potencialidad y sus posibilidades a un primer plano. Y sí, eso será en el contexto de adquirir conocimiento sobre los desafíos de nuevos conflictos, que nunca antes se haya podido prever, y los que están ocurriendo con el telón de fondo de las guerras santas religiosas y esos conceptos con los que hay que lidiar. ¿Tomas algunas de las cosas más básicas que ves en la vida cotidiana y observas qué es lo que está en lo alto de la pirámide y qué es lo que se desmorona? Puede que te parezca algo así como, «Bueno, hoy no puedo despegar del aeropuerto de Los Ángeles porque han emitido una alarma». Eso procede del gran reto al que la humanidad se está enfrentando en este momento. Y, afortunadamente, hay gente que está observando esos retos mayores. Las personas que están conectando con principios elevados y verdades espirituales, a través de las canalizaciones o de otras formas de inspiración iluminadora, y encontrando respuestas a algunas de esas cuestiones importantes. De manera que es un momento muy interesante para la gente, muy desafiante y, ciertamente, es una llamada al despertar, ¿o no?

P: ¿Es verdad que el exterior refleja el interior?

R: Totalmente. «Que haya paz en la Tierra y que comience conmigo». Ese maravilloso y viejo proverbio no puede ser más cierto. Cuanto más en paz y armonía consigo mismo está alguien, más en paz y armonía puede estar con su entorno, con su familia, con su país, con su planeta. Al igual que con la ecología del planeta y las fuerzas de la naturaleza.

P: ¿En qué va a ser diferente la vida para nosotros en el curso de diez o veinte años?

R: Bueno, una cosa que podéis esperar es una gran cantidad de mayor conciencia y responsabilidad personal. Vamos a ver una metáfora de lo que ahora mismo está sucediendo en materia de ecología. Ha habido una crisis ecológica durante quince o veinte años, pero justo ahora la gente se ha dado cuenta de ello. Y las personas han comenzado a cambiar lentamente sus hábitos, y se han explorado y desarrollado fuentes de energía alternativas. Siempre estuvieron ahí, pero ahora la gente está participando más activamente en hacer cambios. De modo que, tomad esta pequeña analogía y trasladadla a asuntos más importantes. A las diferencias ideológicas, al fundamentalismo, a la falta de entendimiento entre las diferentes culturas. Las culturas de la comercialización *versus* las culturas que se basan más en los rituales o en la acción. Y cuanto mayor es el número de personas que toman conciencia, que ahora son ecológicas, y eso pasa a formar parte del discurso, de la manera en que se comunican, de la comprensión, podemos decir que es posible alcanzar el punto culminante. El punto culminante tiene que ver con la conciencia colectiva o la realidad del consenso. De modo que lo que veréis en el futuro es una conciencia colectiva que, lentamente, se va expandiendo hacia un nivel mayor de autor responsabilidad psicológica y espiritual. Responsabilidad por la ira propia, por los temores personales. Responsabilidad por el impacto que uno provoca en los otros seres humanos. Eso es muy importante, y veréis más de ese tipo de comportamiento.

Ahora, cuando la gente nos pregunta qué cambios puede haber en diez o veinte años, está pensando en cambios en el mundo exterior, en el contexto. Nosotros hablamos del *contenido*. El contenido es que la gente será más consciente de sí misma, la consciencia será más articulada, más próxima, eso será parte del cambio en la consciencia colectiva, cuyo punto culminante aún no ha sido alcanzado. ¿Cuándo llegará ese punto culminante a su plenitud, cuando ocurrirá? Mucha gente siente que el año 2012 tiene que ver con eso, pero nosotros diríamos que la consciencia va a ser la que determinará ese punto culminante. ¿Cuántas personas en el planeta serán conscientes de esto y capaces de incluir en sus palabras y sus actos esa conciencia antes de que el consenso colectivo se vea afectado? Eso aún está por determinar; nadie sabe exactamente cuándo y cómo va a ocurrir.

»Pero veréis en los próximos diez o veinte años un cambio en la palabrería, apenas la gente sea capaz de expresar más cosas sobre la autorresponsabilidad. Ya se está viendo eso. En cuanto la gente sea capaz de expresar más acerca de otros niveles de consciencia, sobre la consciencia superior, ya iréis viendo algo. La gente habla sobre «mi ser superior, mi consciencia superior, mi poder superior», en diferentes términos. Y entonces se comporta de acuerdo a ese nivel de integridad, eso es lo que finalmente comenzaréis a ver.

> ¿Cuántas personas en el planeta serán conscientes de esto y capaces de incluir en sus palabras y sus actos esa conciencia antes de que el consenso colectivo se vea afectado?

* * *

Pensé si Sam, ahora en espíritu, se sentiría arrepentido por haber muerto. ¿O estaría ahora verdaderamente en un sitio donde todos los prejuicios y la culpa sencillamente se evaporaban como el rocío con el sol de la mañana? Me chocaba que evidentemente tuvo que sentirse incapacitado en la Tierra; de hecho tuvo que haberlo postrado el sentirse extremadamente incapacitado.

*   *   *

P: ¿Qué le dices a la gente que se siente incapacitada? ¿Cómo pueden sentirse más capaces?

R: Nosotros sugeriríamos que si las personas no se sienten capacitadas, lo primero es recordarles que se dicen a sí mismas algunas mentiras. Detrás de toda pérdida de fuerza, usualmente, está el miedo. Pierdes fuerza porque hay algo a lo que temes. Recuerda que el miedo[5] es una evidencia falsa que parece auténtica. Mucha gente es consciente de eso ahora. «Yo creo en esta historia. Me digo a mí mismo que no soy capaz». De modo que cuando la gente dice, «Yo sé que no tengo fuerza» o «Me siento impotente», nosotros decimos «Ah, éste es un cuento que te estás contando a ti mismo. Ésta es una historia que te cuentas, basada en el miedo». Por eso es tan importante comenzar a despertar a la verdad de la propia naturaleza. La verdad acerca de la propia naturaleza es lo que se encuentra yendo hacia el interior y descubriendo la conexión a todo y al Dios/Diosa, Todo Lo Que Es, que yace muy profundamente dentro del corazón en el verdadero ser.

P: ¿Cómo defines a Dios?

R: La gente proyecta la humanidad en Dios, ¿no es así? Y las religiones han hecho eso para ayudar a la gente a concebir a Dios y, verdaderamente, tiene cierto sentido. Si resultaba necesario conseguir algo a lo que hincarle el diente, algo para figurarse la imagen de Dios, entonces es lo que hace falta, se hace necesaria una «religión», una organización, un código si quieres, una codificación acerca de lo que es una personificación de Dios. Y eso es lo que ha ocurrido históricamente. La gente tenía que proyectar algún tipo de personificación en Todo Lo Que Es, para poder conceptualizarlo.

---

5. Siglas de la palabra miedo en inglés: «fear» *(false evidence appearing real)* intraducible al castellano. *(N. de la T)*

»Ahora hay un cambio. Nosotros sugeriríamos que en esta época está surgiendo un nuevo mito de Dios. Y ésa es una perspectiva muy interesante para asumir la idea de Dios en un contexto más amplio de Dios/Diosa, Todo Lo Que es. Este Dios no es simplemente una imagen masculina, *per se,* sino un principio que es masculino, femenino y la sinergia de ambos. De modo que este nuevo mito de Dios, así considerado, viendo que ese Dios/Diosa es creación por sí misma, es consciencia en sí misma, conlleva un ordenamiento de principios subyacentes sobre todo aquello acerca de lo que se pueda pensar, sentir y conocer como ser humano; e incluso las cosas acerca de las que no se puede pensar, sentir ni conocer como ser humano, o sea, Todo Lo Que Es. Este nuevo mito de Dios puede mantenerlo a uno en movimiento hacia adelante en pro de nuevos hallazgos de esos luminosos, numinosos, trascendentes principios operativos, que mantienen el universo en marcha. Eso mantiene la consciencia en sí misma, que es el universo expandiéndose y creciendo.

»Es muy importante ver que Dios/Diosa, Todo Lo Que Es no puede definirse en términos, en palabras. Debe ser conocido a través de la experiencia.

P: ¿De modo que tampoco tú conoces plenamente a Dios?

R: No, no, absolutamente no. Y si lo conociéramos, no existiríamos, en el sentido de que no hay una consciencia que pueda conocer a Dios/Diosa plenamente. Puedes conocer lo que sabes, puedes conocer lo que eres capaz de saber, pero siempre hay más. Todo Lo Que Es y la vida en sí misma es consciencia y en su nivel más elevado es amor. No el amor humano romántico que piensas. Hay una forma de amor traspersonal, trascendente, que al nivel más elevado es Todo Lo Que Es, *todo* lo que hay.

P: Si no tuviéramos cuerpos terrenales —asumo que ya somos plenamente conscientes de ello— ¿por qué decidimos venir en dichos cuerpos y cubiertos con este manto de amnesia?

R: Para aprender más acerca de vosotros, para adquirir mayor dominio, una mayor capacidad de consciencia, para vivir el principio creativo en sí mismo. Porque cuando llegáis a una existencia física, os convertís en creadores en la dimensión física. Estáis creando vuestras vidas y las actividades, experiencias y vuestras respuestas a las experiencias. Pero todo tiene que ver con el progreso de la evolución del alma. Y la reencarnación permite adquirir más y más comprensión y conocimiento, a través de la experiencia.

P: Muchos humanos piensan en Jesucristo como salvador, ¿por qué la gente piensa así?

R: Bueno, eso nos retrotrae a lo que estábamos diciendo antes. Mucha gente necesita de la personificación para ser capaz de identificarse con la idea de que ellos también son divinos, de que el reino de los cielos está en su interior. Y si Jesús es una imagen de eso, si cumple el papel de modelo de ello, es un ejemplo excelente, de modo que la gente puede aspirar a lo mismo. Es algo que la gente necesita, es la idea de «Puedo ser salvado», ésa es la idea. Y entonces, esperanzadamente, se llega a la comprensión, como Jesús enseñó, de que no es así, de que eres *tú* el que va a salvarse a sí mismo. Que es algo que yace en tu interior. Jesús fue el portador de ese mensaje, pero el mensaje y su energía deben ser descubiertos dentro del propio ser individual de cada cual.

»De modo que Jesús como consciencia es un maestro absoluto. Muchas de sus enseñanzas han sido mal entendidas: de hecho, la resurrección fue para enseñar sobre la vida inmortal, no acerca de lo que uno debe sufrir. El arquetipo de Jesús, el salvador, es todavía muy poderoso en el planeta, aunque está siendo lentamente reemplazado por la Era Acuario. Esta era está cambiando la orientación de la gente, que ahora lo busca en su interior, en lugar de necesitar que sea una figura externa.

P: ¿Crees que algunas personas están asustadas, en cierto modo, en relación a lo poderosas que realmente son?

R: Sí, eso es verdad, porque un montón de personas están asustadas de su propia ira y temor y pueden sentir el poder que tienen. Y si nunca desatan su verdadero poder, potencialmente, pueden desatar su ira y su temor. Y, por supuesto, ése no es el verdadero poder: el verdadero reside en la capacidad de actuar desde un lugar de dominio personal integrado y consciente.

*   *   *

Había algo que Sam no tenía y en lo que yo todavía seguía trabajando. Me di cuenta de que solemos tratar de tomar atajos para llegar a ese estado del ser. Ciertamente sé que a veces lo hice bebiendo excesivamente y, mirando hacia atrás, reconocí que también Sam lo hacía.

*   *   *

P: En la Tierra muchas personas abusan de las drogas y el alcohol y es como si trataran de llenar un vacío en su interior. ¿Qué es ese vacío?

R: El vacío es sentir que se está desconectado y despojado, en cierto sentido, de la propia vida. Estamos hablando del arquetipo llamado «separación». Al más profundo nivel de la psique humana hay un arquetipo llamado separación, y se basa en el hecho de que vosotros os separáis de la fuente cuando escogéis nacer. Y todos tienen esa experiencia una y otra vez; en cada una de las vidas que escogéis para encarnaros experimentáis la separación. La separación de la fuente, la separación del amor incondicional, la separación de la luz, separación, separación. Y eso puede llegar a ser como un vacío. «Me siento desconectado, me siento separado, algo se ha perdido en mi vida». El anhelo de algo trascendente se vuelve muy, muy intenso.

»Y en lugar de buscarlo auténticamente a través de la propia espiritualidad, la gente con frecuencia lo buscará a través de sustancias externas y sustancias que alteran la mente. Creemos que están buscando en el sitio equivocado, pero hay una auténtica avidez de conocer la naturaleza divina personal, por experimentarla. Y esa auténtica avidez puede llevar a un gran descubrimiento, a una gran libertad. No hay limitaciones. Una enorme equivocación que existe en las sociedades de muchas culturas es que si alguien se vuelve «espiritual», se verá realmente limitado, y eso es por los viejos dogmas de las diversas religiones, las diferentes Iglesias y las distintas maneras. Pero la espiritualidad en sí misma no es en absoluto limitada como modo personal de experimentar la vida.

P: De manera que, a medida que vas avanzando, ¿tiendes a sentir más y más libertad?

R: Totalmente. Cuando se está conectado con la fuente, no existe el sentido de la separación. Se fluye en la corriente de la abundancia, en la del amor, el flujo del placer, de la creación.

P: ¿Es verdad que nuestro ser integral no está centrado en este cuerpo?

R: Sí. Eres un ser multidimensional y no todas las dimensiones están encarnadas en este cuerpo llamado tú. Es verdad que no toda tu consciencia está definida dentro de los límites de tu piel. Tu piel no está envolviendo a tu consciencia. Tú eres una consciencia multidimensional, y cuanto más lo exploran las personas, más ilimitadas se sienten; más conectadas con la fuente se perciben. Cuando establecen conexión telepática, saben que hay más que la unión visual, porque pueden sentirlo; han conectado telepáticamente con algún otro. De modo que cuando se piensa en conectar telepáticamente con otras fuentes de inteligencia o con fuentes no físicas de inteligencia, eso resulta muy expansivo. Y la telepatía con la propia consciencia superior, tener ese sentimiento de autocomprensión, hace que vuestro ser evolucione. Entonces todo él puede ser integrado en un cuerpo, porque sois parte de un mar de consciencia.

P: Todavía me siento confundido acerca de cómo podemos tener diferentes experiencias y diferentes vidas simultáneamente.

R: Igual que a ti, a nosotros nos gusta considerar esa metáfora para entender simultánea y cronológicamente a la vez. En otras palabras, las vidas simultáneas y las vidas cronológicas son una completa paradoja, pero así es cómo es posible empezar a entenderla. Imagina un frasco de gominolas. Son de diferentes colores, las hay verdes, amarillas, rojas y azules. Vamos a suponer que esas gominolas son tus vidas. Y en ese frasco están todas juntas. ¿Cómo es posible que sean cronológicas? Bien, imagina que levantas la tapa, coges una gominola y descubres que está conectada a otra gominola, por medio de una cuerda. O sea que puedes extraer una cuerda de gominolas y sostenerla así, como un collar de perlas. Ahí tienes las vidas cronológicas; están una tras otra en la realidad del espacio y el tiempo.

»De modo que depende de cómo mires las gominolas. De cómo quieres experimentar las gominolas. Entonces imagina que estás ahí, tienes tus gominolas en el frasco, tú, tu ser superior, tu alma, y hay algunos ancianos muy sabios del otro lado que están juntos y dicen «Hmmm, ¿en qué gominola encenderemos una luz? ¿Cuál enfocaremos ahora?».

P: Realmente bien explicado. Gracias. ¿Qué es un trabajador de la luz?

R: Significa que escogieron trasladar conciencia a las cosas que hacen, eligen encender una luz, darle un sentido más hondo, un contenido más profundo, un propósito más intenso a las cosas. Iluminarlas, iluminar las cosas y dotarlas de un poco de humor.

»Alguien puede decir que eres un trabajador de la luz si eres Don Rickles[6] en Las Vegas. En la práctica hay una única interpretación sobre lo que es un trabajador de la luz, pero la gente puede ser

---

6. Famoso humorista estadounidense. *(N. de la T.)*

trabajador de la luz de muchas, muchas maneras diferentes. Tiene que ver con la intención. «¿Qué intento hacer? Quiero iluminar, quiero trasladar luz, quiero ayudar a que otras personas abran sus ojos, quiero empeñarme y depositar mis esfuerzos en asistir a los individuos». Esa clase de personas serían trabajadores de la luz.

P: ¿Y qué hay acerca de la oscuridad? ¿Es necesaria?

R: En la realidad de la polaridad y la dualidad, sí lo es. Y tú vives en una realidad de polaridad y dualidad, pero hay algo que es más fuerte que eso, y es la no dualidad de la existencia en sí misma. En la existencia humana existe la luz y la oscuridad, hay contrastes, hay opuestos: polaridad y dualidad.

P: ¿Si quieres tener una vida feliz y plena, elegir la luz es un buen consejo?

R: Bueno, por supuesto. Totalmente. Y también tener una conciencia equilibrada de ambas cosas. No se debe estar en la luz por la vía de negar la propia sombra. Uno quiere ser consciente de estar iluminado o de ser luz, porque está dispuesto a trabajar con la propia sombra. Como Buda, que usó su meditación, sus disciplinas y prácticas en ese sentido. Esas disciplinas y prácticas sirven para integrar el lado oscuro de uno. Superar los retos del ser limitado, controlando la ilusión de la separación.

P: Para finalizar, ¿hay algo que quisieras dejarnos en forma de consejo o de palabras inspiradoras, o alguna cosa que quisieras añadir?

R: Hay un gran sabio al que le gusta decir, «Si quieres iluminación, ilumínate». Y es realmente así, es absolutamente cierto. Nuestra sugerencia es que uno de los grandes secretos para iluminarse es estar dispuesto a sanar y a trasformar la propia ira y los temores personales, para que la alegría pueda ser más plena y rica; y así, la creación puede convertirse en un principio muy activo en cada vida, en algo muy consciente. ¿Qué querríamos dejarle a la gente? Bueno, no querríamos dejar a la gente. Querríamos decirle que es un gran placer, una gran, gran alegría interactuar con ella, porque nosotros vemos a las personas de maneras que ellas no se ven a sí mismas y eso es hermoso. Nosotros os vemos de formas en las que no os veis a vosotros mismos, y eso es magnífico.

»Y por eso es motivo de mucha gratitud para nosotros que podamos venir e interactuar, y hacerlo de la mejor forma para encender algo de luz acerca de la naturaleza del ser divino que yace en el corazón de cada individuo. Así es como queremos irnos esta vez, y os enviamos mucho amor, como siempre hacemos. Sintiéndolo muy profunda, abundantemente. Mucho, mucho amor.

P: Gracias.

*　*　*

Shawn despertó del trance y, como los demás, le llevó un momento recuperarse y estabilizarse. Le pregunté cómo se sentía después de canalizar.

«Sencillamente es maravilloso –dijo–. Es como un regalo. Me permite acceder a frecuencias más ligeras y a energías muy amorosas. Siempre me siento muy bien, muy viva cuando vuelvo a mi cuerpo».

Fuera, el cielo escupía sobre nosotros duros y húmedos riachuelos, de modo que Matt y yo no nos quedamos para un debate posterior a la canalización. Mi mente estaba todavía con Sam, pero la charla con Torah había ayudado. Cuando conduje hacia casa a través de la lluvia, mis ropas estaban húmedas, pero sentía mi interior cálido y seco.

Cinco

John Cali canalizando
al jefe Joseph

Durante la siguiente semana tuve ocasión de procesar plenamente la situación de Sam.

Llegué a la conclusión de que su solución a los caprichos de la vida terrenal fue indudablemente drástica pero que, desde mi limitada perspectiva, realmente yo no podía juzgarla. Sí, su familia y amigos tendrían mucho que dilucidar acerca de su necesidad de tomar esa decisión… pero no había sido algo «malo», dado que la muerte no existe. Sólo hay vida eterna, ya sea en forma humana u otra. Él había buscado alivio de una vida que percibía que lo estaba estrangulando, y lo consiguió. Puede que su muerte simplemente fuese el tipo de catalizador que algunas personas de su órbita necesitan para comenzar a despertarse. Ese hecho discordante que algunos parecen necesitar, como había sugerido Tobias. Ahora Sam estaba fuera, en una nueva aventura, en algún otro reino, y yo estaba seguro de que volveríamos a citarnos en algún sitio.

De modo que cuando Matt y yo nos embarcamos para viajar a Wyoming, me sentía contento y con energía. Volamos desde el aeropuerto internacional de Los Ángeles a Denver, y después en un puente a Cody, Wyoming.

Cuando aterrizamos en el pequeño aeropuerto de Cody, alrededor de las 9 p. m., todo estaba cerrado. La mujer de rojas mejillas que estaba en la ventanilla de Hertz mantuvo abierto hasta tan tarde sólo porque habíamos hecho una reserva previa y sabía que íbamos a llegar.

Podríais decir que el aire cortaba –hacía 12 grados bajo cero– pero esta vez yo no tenía quejas mientras nos dirigíamos al lujoso hostal que habíamos alquilado, de la cadena Motel 6, situado en un extremo de ese pueblo de diez mil habitantes del estado rojo.[7] Yo veía todo ese viaje como una aventura, y estaba emocionado por la persona a la que veíamos, de modo que pensé, ¿qué importa un escalofrío? Especialmente para un tipo que había crecido en el invierno de Minnesota, capaz de paralizarte el rostro y congelarte los dedos.

El hombre a quien íbamos a entrevistar era John Cali, que había canalizado públicamente, desde 1995, al jefe Joseph, un antiguo jefe de la tribu india *nez percé*. Había establecido contacto con John un par de años antes y mantenido una sesión de canalización por teléfono con el jefe Joseph. Algunos de los puntos de vista que había aportado sobre mi vida, realmente habían tocado mi fibra sensible, de modo que cuando decidí hacer la película, supe que John y el antiguo jefe tenían que formar parte de ella.

John dijo que se había «venido abajo» según habían pasado unos pocos años y vivía en un sitio pequeño, de manera que se negó a que filmáramos en su domicilio. Los cuartos del Motel 6, estaban lejos de ser espaciosos, de modo que le pregunté al gerente si podíamos rodar durante un par de horas en una de las suites. Accedió gentilmente y ni siquiera nos cargó un coste extra.

Cuando John tocó a la puerta de la suite, a la mañana siguiente, ya estábamos con todo dispuesto y listos para rodar. Vestía tejanos y botas de vaquero y se lo veía tan en forma como a un joven boxeador. Le pregunté cómo hacía para mantenerse así, y me dijo que corría cerca de seis kilómetros cada día, hacía senderismo y levantaba pesas. Matt y yo sufrimos un *shock* cuando nos dijo su edad: setenta años. Yo hubiera dicho que estaba en la mitad de los

---

7. En Estados Unidos, se suele llamar «rojos», a aquellos estados que tradicionalmente votan al Partido Republicano. *(N. de la T.)*

cincuenta, y Matt subrayó que pareció veinte años más joven. De modo que, una vez más, en lugar de bótox para mantener la apariencia juvenil, es posible sugerirle a la gente que se dedique a la canalización.

John nos reveló que nunca había sido entrevistado ante una cámara antes y admitió estar algo nervioso. En cualquier caso, parecía un poco tímido y reservado, de modo que yo estaba interiormente preocupado por si se bloqueaba.

Pero cuando encendimos las luces y las cámaras, John fluyó por la entrevista como el agua de lluvia por un tejado.

«Lo que realmente me inició en la senda de la canalización fue la lectura del libro *Opening to Channel*,[8] de Sanaya Roman y Due Packer –dijo John–. Leí el libro varias veces y seguí sus métodos, y al final resultó que un espíritu guía llegó hasta mí. Se me apareció como una mujer indígena –eso fue en 1986– y su nombre era Tamara. De modo que la canalicé durante varios años A la vez yo advertía, desde una especie de periferia de mi consciencia, también a un hombre indígena. No sabía quién era. No sabía si era real o si era mi imaginación, o de dónde venía. Por entonces yo no creía que fuese un canal. Y así, al comienzo, fue un proceso de tipo escalofriante, y yo no tenía mucha confianza en mí mismo. Pero sabía que había algo ahí que me trascendía».

De modo que pregunté cómo fue el desarrollo posterior.

«Bueno –siguió John–, en 1992 experimenté ciertos importantes desafíos en mi vida personal y espiritual. El jefe Joseph empezó a hablarme, y supe quién era porque, como ya dije, él había permanecido de algún modo en la periferia durante seis años. Se ofreció a ayudarme. Yo dije: "¡Seguro, puedo usar toda la ayuda que pueda conseguir!".

»Y así empezó. Joseph y yo continuamos, de manera más personalizada, durante varios años. Tratábamos mayormente sobre

---

8. Apertura hacia la canalización. *(N. de la T.)*

mis asuntos personales. También trabajamos en privado con un pequeño círculo de amigos íntimos. Pero no hacíamos nada públicamente.

»Entonces, hacia el final de 1995, Joseph preguntó si yo había considerado la posibilidad de canalizar públicamente para otros, especialmente por lo beneficioso que había sido para mí. "No, no lo creo". Pero una cosa llevó a la otra. Y, finalmente, prevaleció el criterio de Joseph. De modo que empezamos a hacer sesiones privadas para otra gente, ajena a mi pequeño círculo.

»Al principio, cuando empecé a comunicarme con Joseph, yo era realmente un novato en esas cosas. Y a veces me sentía incómodo al canalizarlo.

»Pero cuando me sentí más cómodo con mis propias habilidades y las del espíritu, mi capacidad de comunicación, de canalización se fue acrecentando. Cuanto más canalizaba a Joseph, más descubría que era capaz de acceder a los más elevados aspectos de esa entidad que yo conocía como jefe Joseph. Podía llegar hasta lo que tú llamarías el "grupo de almas Joseph", un grupo de espíritus que eran claros y altamente evolucionados y una poderosa familia de maestros».

Le pregunté a John por qué inicialmente le había dicho a Joseph que no quería hacerse público, y si se sentía arrepentido de haber accedido a los deseos del indígena «muerto».

«Fui criado en una familia católica romana de inmigrantes sicilianos, de modo que ese tipo de cosas son, sencillamente, algo que no nos ha interesado a ninguno de nosotros en absoluto, y mucho menos hacerlas –dijo–. De manera que supongo que fue simplemente una duda natural por mi parte. La mayoría de mi familia, incluso hoy, después de que yo haya canalizado a Joseph durante quince años, no sabe lo que hago. Tienen alguna idea. Debido a que yo no les hablo de eso y ellos no me preguntan. Saben que hago algo "raro"».

«¡Bien, dejemos que la rareza continúe! –exclamé–. Hagamos un poco de canalización».

John se acomodó en su silla, bebió un sorbo de agua y cerró los ojos. No hubo tics ni reacciones corporales de ningún tipo; ni siquiera respiraba profundamente, como habían hecho los otros.

Pocos segundos después, una voz sin cambios del propio John dijo: «Ojalá el Gran Espíritu esté con vosotros siempre». El jefe Joseph se reunió con nosotros. No sólo la transición al trance de John no fue interrumpida, sino que incluso a veces abrió sus ojos, a diferencia de todos los demás. Cada palabra parecía envuelta en benevolencia, y la energía en el cuarto era semejante a una esponjosa lana de oveja.

*   *   *

P: Estamos emocionados por estar aquí, jefe Joseph, gracias por venir. ¿Hay algo que te gustaría decir como inicio o alguna declaración con la que quieras iniciar esta charla?

R: En esta labor que estamos haciendo con John y con los demás, con cuyas vidas contactamos, tenemos como objetivo, simplemente, ayudar a la gente a vivir una vida más alegre y abundante. Y cualquiera que sea la forma de conseguirlo, queremos hacerlo. Eso, en resumen, si se quiere, es nuestro trabajo.

P: ¿Qué es lo esencial para que la gente lo haga?

R: La verdadera base, esencialmente, si se quiere, es simplemente recordar quién eres y por qué estás aquí. Tú eres espíritu, tú eres Dios. Vosotros sois todos Dios, y una vez que podéis integrar eso en vuestro ser, en vuestra mente humana, descubriréis que la vida se vuelve más fácil, más alegre y más abundante. Pero lo que con frecuencia le ocurre a la gente es que se queda atrapada en el mundo que hay a su alrededor, y es fácil que eso suceda porque es tanto lo que hay fuera que os inunda. Si prestáis mucha atención a la corriente mayoritaria de vuestros medios de comunicación, posiblemente estaréis deprimidos una buena parte del tiempo. Probablemente estaréis tristes y alterados. Si prestáis mucha atención a todo lo malo que hay actualmente en el mundo, no os sentiréis felices. Pero hay mucho más de bueno que de malo ahí fuera.

»Parte del problema es que la corriente mayoritaria de los medios de comunicación se centra en lo malo, y absorbe a las personas. Y vuestros gobiernos privan de muchos poderes al individuo. Entonces tenéis tantas fuerzas trabajando en contra de vuestro propio poder y en contra de recuperarlo, que puede ser difícil para la gente que aún no es espiritualmente consciente o *como* espiritualmente consciente, tal como muchos, muchos se han vuelto hoy. Es particularmente difícil para esas personas rebelarse contra la influencia del mundo moderno.

P: ¿Cuáles serían algunas maneras para que la gente tenga más poder personal?

R: Bueno, ciertamente tenéis que entrar en contacto con vuestro ser. Desde nuestro punto de vista, una de las mejores maneras para hacerlo es la meditación, sea lo que sea lo que signifique para vosotros. Puede ser algo tan simple como tomaros unos pocos minutos al día y situaros en un sitio cómodo, en una silla o una cama, y concentraros en vuestra respiración. Y eso hace que os centréis, os pone en contacto con el cuerpo, y también os abre al mundo del espíritu de una forma que la mayoría de la gente no lo está en su estado normal de vigilia consciente cotidiana. Ciertamente, nunca es beneficioso para nadie hacer algo que no lo haga sentir bien. Y hay muchos humanos haciendo cosas que no los hacen sentir bien.

»El ejemplo perfecto son las personas que a menudo tienen trabajos que odian. Realizan el trabajo por el dinero, no porque les gusta, y eso es muy contraproducente para lo que la gente desea para sí misma. De modo que, cualquier cosa que hagas que no te haga sentir bien, o que no concuerde contigo —aunque sea un trabajo por el que te paguen miles y cientos de miles de dólares— si es algo que realmente te disgusta, estarás haciéndote un gran daño y te estarás distanciando más y más de tu ser superior. No puedes desconectarte de tu ser superior, pero ciertamente puedes alejarte de él y eso es lo que ocurre hoy con tanta gente.

»De modo que el objetivo básico es volver a armonizar con vuestro ser superior y, una vez hecho esto, os veréis desbordados, inundados por la alegría que vuestro ser superior siente en cada momento. Vuestro ser superior existe en un estado de dicha perfecta, placer y éxtasis. Y vuestro objetivo, como extensión humana de ese ser superior, es entrar más en contacto con esa elevada parte vuestra, que es divina.

P: ¿Es demasiado simplista decir que la mayoría de las elecciones son entre el miedo y el amor?

R: No, nosotros pensamos que eso es bastante acertado. En vuestro planeta hoy el miedo es algo endémico. Y es muy fácil ser absorbido por eso. Lo opuesto del miedo es el amor, el aprecio, la alegría. Nosotros definimos amor como la elección de ver la divinidad en todos los seres, no sólo en los seres humanos, no sólo en los seres espirituales, sino en *todos* los seres. Todo Lo Que Es. Todas las cosas que existen, incluso la ladera rocosa que se ve desde tu ventana, todo lo que existe tiene un aspecto divino. Es parte de lo que llamáis Dios o Diosa. De modo que, una vez que puedes cambiar tu consciencia humana normal y estar dispuesto mediante un esfuerzo consciente de reconocer que Dios es realmente Todo Lo Que Es y que tú eres una parte de Dios, tú eres Dios, y comienzas a cuidar de esos aspectos divinos en tu vida cotidiana: la gente que encuentras en la calle, los miembros de la familia, los seres queridos, amigos, perros, y por supuesto de los animales, los osos pardos, las serpientes de cascabel, todos ellos son divinos. Si tú puedes ver esa chispa divina que hay en toda cosa que existe, entonces comenzarás a ver tal como lo hace tu ser superior. Empezarás a ver tal como Dios ve a todas las criaturas en la Tierra. Todo lo que incluye la Tierra. Como Dios ve a Dios.

»Lo opuesto a todo eso es el miedo. Solamente puedes sentir miedo cuando olvidas quién eres, cuando pierdes de vista quién es cada una de las personas que hay a tu alrededor, qué es cada cosa que te rodea. Dios está en todas partes. Dios es bueno, Dios es amor. El miedo no tiene sitio en eso. No puede tenerlo. No es posible que el miedo y el amor existan en el mismo lugar, si así lo quieres.

P: A veces es difícil no tener miedo. Por ejemplo, una persona no tiene dinero, tiene bocas que alimentar. ¿Qué tiene que hacer entonces?

R: Nosotros nunca le propondríamos a alguien que tiene miedo que lo negase. Admite que tienes miedo. Está bien. No tienes por qué ser tan duro contigo mismo porque estés asustado, porque estés triste o porque estés afligido. Pero también es igual de importante que sepas que cada vez que te encuentres en una situación así, ya sea de aflicción, tristeza o miedo, no importa cuál, hay una manera de salir de eso.

»Si te sientes completamente aterrorizado, intenta alcanzar un estado que sea algo mejor que eso. En lugar de absolutamente aterrorizado, quizás puedas subir un poco más en la escala y sentirte sólo terriblemente atemorizado. Y entonces, desde ahí puedes subir aún más, como para sentirte únicamente un poco temeroso, y así sucesivamente, siempre ascendiendo por la escala. Cuando alguien está inmerso en algún tipo de emoción negativa, siempre es mejor tomárselo paso a paso, como si fueran pasos de niño, en lugar de tratar de dar un salto cuántico desde el miedo hacia el amor en diez segundos o menos.

»Siempre que te encuentres en ese estado, debes saber que no estás atrapado en él. No te vas a ver arrastrado hacia la ruina y la destrucción porque sientas lo que estás sintiendo en ese momento. Debes saber que tu ser superior, Dios o cualquier poder divino en el que creas, está ahí, tirando de ti. Nunca estás solo; siempre hay ayuda ahí afuera, no importa cuán abajo pienses que has caído.

P: Por mí parte, no sé por qué hago esto, cuando siento que alcanzo una vibración muy alta, retrocedo. ¿Puedes hablar sobre eso?

R: Ciertamente. Todo tiene un flujo y un reflujo, David. De modo que mientras tú estás en esta experiencia humana que has elegido, esta experiencia física, se producen estas subidas y bajadas. Y una vez más, eso está bien. No debes ser tan duro contigo porque estés arriba y luego no lo estés tanto. Estás creciendo, te estás expandiendo, estás evolucionando todo el tiempo, y cada subida te lleva a un punto de crecimiento y evolución que te vuelve mejor, y mejor y mejor. Debes saber que en este proceso de subida y bajada, tu estado general es de crecimiento. Estos ciclos te ayudan a crecer personalmente como ser humano, y tú contribuyes a que en estas dimensiones espirituales también nosotros crezcamos, porque al igual que tú estamos cambiando continuamente.

P: ¿Y eso por qué es así?

R: Porque tú eres parte de nosotros, y nosotros somos parte de ti. De modo que cada pensamiento positivo que tienes, por ejemplo, se difunde por el mundo que hay a tu alrededor. Por el mundo físico que te rodea, pero también se propaga hacia otras dimensiones del espíritu, en las que vivimos nosotros. Y así es un dar y recibir. Nosotros te damos a ti, tú nos das a nosotros. Nosotros tomamos de ti, tú tomas de nosotros. Tal como nosotros lo vemos, es el hermoso ritmo de la vida, si se quiere. Es una calle de dos direcciones.

P: ¿Es demasiado simplista decir «el pensamiento crea»? ¿Es más complejo que eso? ¿Va más allá?

R: No. El pensamiento crea. Lo que piensas y sientes es lo que, sobre todo, manifiestas. De modo que si piensas, sobre todo, cosas positivas y sientes emociones benéficas, creces. Si te metes en un atolladero con pensamientos negativos y el resultado son sentimientos negativos, como le ocurre a mucha gente hoy en día, eso te hunde. Tú creas con tus pensamientos. Lo que tú piensas es, sobre todo, lo que vas a manifestar en tu vida.

P: ¿Eso está ligado a la ley de la atracción?

R: Sí. Totalmente.

P: ¿Cómo describes la ley de la atracción?

R: Cuando tú estás pensando algo –tanto si lo consideras positivo o negativo, Dios o el universo, como quieras expresarlo– eso se corresponde con la vibración que estás emitiendo. La ley de la atracción es muy impersonal. No es ir y decir: «Bien, Johny ha sido un niño bueno hoy, de modo que lo vamos a recompensar. O, Suzy fue una niña mala hoy, de modo que la vamos a castigar». Es muy impersonal; no tiene nada que ver con el concepto de castigo o de un juicio de Dios.

»De modo que sea lo que sea que pienses, positivo o negativo, estás generando una vibración a tu alrededor. John ha tenido una reciente experiencia familiar en ese sentido. Varias personas han estado muy enfermas, recientemente, y finalmente han muerto. Ellas estaban siempre pensando, si se quiere, en la mala salud. Se pensaban a sí mismas al margen de la posibilidad de curación. Y emitían esa vibración, la ley de la atracción se correspondió con eso y fallecieron.

P: ¿De modo que la ley de la atracción es casi un espejo perfecto?

R: Sí. Va a traer hacia ti aquello que se corresponda exactamente con tu vibración. Ahora nos damos cuenta de que las personas no quieren morir de alguna enfermedad dolorosa, en un accidente de coche o de cualquier otra forma, pero cada muerte, como hemos dicho varias veces a lo largo de los años, cada muerte es realmente un suicidio. Porque desde el punto de vista vibracional, no puede sucederte nada de lo que no formes parte, si se quiere. En otras palabras, si estás constantemente temiendo morir en un accidente de coche, probablemente vayas a morir así. Si estás constantemente creyendo que tu cuerpo, no importa su estado, sano o enfermo, tiene los recursos para volver a estar en un estado de perfecta salud, vas a conseguir tener una salud perfecta. La ley de la atracción facilita cualquier extremo del espectro.

P: ¿Es cierto que hasta cierto nivel, cada cual escoge cuándo morir?

R: Sí, nosotros lo creemos. Probablemente los ejemplos más dramáticos es la gente que sufre una enfermedad terminal, por así decirlo, que se niegan a irse antes, por ejemplo, de que llegue un miembro de la familia que vive lejos. Cuando ese familiar llega, se dejan ir. De modo que sí. Vosotros creáis vuestras realidades, cada pizca de vuestra realidad, desde el nacimiento hasta la muerte, y cada una de las cosas que hay en medio de ambos.

P: Esto es duro para mí. Algunas de las cosas que llegan a nuestras vidas sabemos que no podemos elegirlas. ¿Puedes hablar sobre eso?

R: Cuando a las personas buenas les pasan cosas malas, no las han escogido conscientemente. Pero las han escogido desde el punto de vista vibracional. Si observas cómo funciona la ley de la atracción, que cualquier vibración que emites va a ser correspondida, puedes decir que no es algo que una persona escoge conscientemente –por ejemplo, nadie va a escoger una muerte dolorosa y terrible como el cáncer– pero permite que esa enfermedad se desarrolle. Muchas personas acarrean consigo, a través de sus vidas y hasta sus lechos de muerte, resentimientos, culpas y preocupaciones. De eso es de lo que proceden todas las enfermedades físicas, de esas emociones negativas que las personas incluso alimentan. Cuando toda esa negatividad está acumulada en tu corazón, en tu vientre, en tu cerebro, eso tendrá efectos negativos en tu cuerpo físico, en tus relaciones y en todos los aspectos de tu vida.

»En el otro extremo del espectro, si siempre te dedicas a elogiar a la gente, apreciándola, queriéndola, mirando por su bien, ignorando las cosas negativas, entonces tú también cosecharás los beneficios de eso.

P: ¿Crees que es un buen consejo decirle a la gente que sean infantiles?

R: Absolutamente. La mayor sabiduría que jamás habréis tenido como seres humanos es la que tuvisteis siendo niños pequeños. Ellos están desinhibidos y son felices, y viven en el momento presente con alegría. Viven el momento presente. No están pensando acerca de lo que va a suceder de aquí a diez años, ni siquiera de aquí a diez minutos. Los niños viven el momento presente con alegría, y ésa es la clave. Todos vosotros deberíais ser como niños pequeños otra vez, ése es el mejor de todos los consejos que podemos darle a cada persona.

P: No quiero internarme demasiado en tu última vida en la Tierra, pero se ha dicho que has muerto de tristeza, ¿es eso cierto?

R: Se ha dicho en los libros de historia, y sí, fue una vida triste. No es algo que sea parte de nosotros ahora, en el sentido de que sea importante. Es ciertamente una parte del jefe Joseph histórico, pero hoy, el espíritu del hombre ha crecido y evolucionado mucho más allá. De modo que sí, ésa fue una vida triste. Una vida trágica, en términos humanos. Pero también tuvo sus compensaciones y sus alegrías. Joseph fue capaz de conseguir que el Gobierno prestara atención a los problemas de su gente, de manera que de ello salieron muchas cosas buenas, un montón de nueva conciencia de parte de los blancos que quizás no hubiera antes.

P: Cuando tú, el Joseph histórico, moriste, ¿cómo fue hacer la transición?

R: Transición o muerte, siempre es una experiencia placentera.

P: ¿Siempre es una experiencia placentera?

R: Estamos hablando sobre el momento en que haces tu transición, no mencionando la parte dolorosa, si es que ha sido dolorosa, y eso es placentero. Morir es la cosa más fácil que jamás haréis, porque volveréis a emerger en el mundo del espíritu, volveréis al sitio del que habéis venido, de vuelta a la fuente. Es como inspirar un soplo de aire fresco. Es como quitarse un zapato que te aprieta.

»Tendréis esa clase de sensación de alivio y libertad, y eso es placentero. Os sentiréis inundados de tanta dicha, que si pudierais captar aunque fuera un pequeño destello de cómo es eso —y habéis estado ahí muchas veces, pero no lo recordáis—, si pudierais echarle una breve ojeada o tener un pequeño recuerdo de ello, nunca más temeríais la muerte, y atravesaríais el resto de vuestras vidas con una sonrisa en los labios y alegría en vuestros corazones.

P: En realidad yo no le temo a la muerte, de hecho, de algún modo la espero. Sólo que no demasiado pronto.

R: Sí, John dice con frecuencia eso y nosotros lo aplaudimos. Pensamos que es mantener una buena perspectiva.

P: ¿Por qué seguimos volviendo a la Tierra y nos separamos de la fuente, sólo para reaparecer nuevamente en ella?

R: Porque es un gran juego. Se supone que la vida es diversión. Tanto si hablamos de la vida aquí, en su forma física en el planeta, como de ésta desde la cual te hablamos. Se supone que es divertida. Y así tú, tu alma, decide que vas a descender a la Tierra nuevamente y actuarás un poco ahí, es una elección consciente, deliberada. Lo haces no porque haya ningún karma, ni alguna deuda de una vida pasada o porque hayas sido castigado y arrojado a un cuerpo físico otra vez. Es simplemente porque deseas hacerlo, porque va a contribuir a tu crecimiento en general, a tu evolución. De manera que es un proceso feliz, ése es el propósito de tu alma.

P: Si somos de la fuente y somos Todo Lo Que Es, realmente, ¿por qué necesitamos que nuestra alma crezca?

R: No es que necesitéis que el alma crezca. El crecimiento del alma es lo que vosotros sois. Estáis creciendo. Nunca permanecéis estáticos. No es como si fueras un ser al que algún poder divino le requiere que crezca o algo que te ordenen. Tu naturaleza es así, crecer, evolucionar, cambiar y disfrutar de ese proceso. La alternativa sería estancarse, estar paralizado, estático, y ésa no es la naturaleza de la creación. No es la naturaleza del ser.

P: Me pregunto si la pura dicha, en cierto sentido, sería estática.

R: Nosotros no la vemos como algo estático. Hemos dicho antes que vuestro ser superior existe en un estado de dicha, de éxtasis, de alegría constante; pero incluso así sigue creciendo y el crecimiento es parte de lo que sois. Es imposible quedarse igual. Crecer es simplemente la naturaleza de la creación. Es vuestra naturaleza, es la naturaleza de Dios, tu naturaleza es exactamente crecer y, tal como nosotros lo vemos, es algo feliz. Entendemos que puede haber quienes estén en desacuerdo con nosotros, probablemente muchos, pero ésa es nuestra visión.

P: Sé que todas las épocas son distintas en la Tierra, pero ¿es ésta algo diferente en algún sentido?

R: Lo es, porque como has dicho, cada momento es especial. Y cada momento es diferente. Esta época particularmente, incluso aunque algunos días os parezca que vuestro mundo se está yendo al infierno, realmente no es así. No es la hora de la destrucción, no es Armagedón. Es simplemente una etapa en vuestro crecimiento. Es una época especial porque están despertando más y más personas. Y en gran parte el aliciente para ello es el así llamado desastre que está ocurriendo en vuestro mundo hoy. La gente se da cuenta de que hace falta cambiar algo aquí. Necesitamos despertar a lo que está sucediendo. De modo que es una gran época, la mejor en la historia de la raza humana para estar vivo. Son muchos más los humanos que están despertando ahora que en los últimos mil años.

P: ¿Qué significa despertar?

R: Simplemente recordar de qué va todo. Recordar quiénes sois. Recordar quién es Dios, quién es Diosa. Recordar que la vida es buena. Que tanto si estáis vivos o muertos, la vida es buena. Una vez que todos lleguéis a ese punto, y finalmente lo haréis, puede que no sea en vuestra de vida, pero eso en realidad no importa para ti como individuo, la raza humana alcanzará un punto en la que estará despierta. Y una vez alcanzado ese punto, seréis capaces de crear el cielo en la Tierra.

P: ¿Y qué pasa si quiero hacerlo ahora?

R: Tú puedes crear el cielo en la Tierra en *tu* mundo, y ése es el único sitio donde realmente tienes poder para hacerlo, en cualquier caso. En lugar de preocuparte o de tener miedo por lo que ocurre en el mundo a tu alrededor, simplemente céntrate en tu propio mundo. Y lleva a tu propia vida tanta alegría, amor, aprecio, risa y placer como te sea posible. Al hacerlo, vas a crear más alegría, amor y risa en el mundo que te rodea, e incluso llegarás más allá, hasta las dimensiones espirituales. Cada uno de vosotros, estando solo y pleno, conscientemente armonizado con vuestro ser superior, es de lejos más poderoso que muchos millones que viven con miedo o con dudas o enfado. Una persona.

P: ¿Hay alguna razón por la cual estoy tan animado y atraído por este tipo de material?

R: Sí, tú eres muy sabio.

»Cuando creces como ser humano y como ser espiritual vas estando cada vez más armonizado con tu ser superior, con tu ser Dios, con tu fuente. Cuando se produce ese tipo de crecimiento y evolución es normal y natural que te vayas interesando por estas cosas entre etéreas y feéricas. Es perfectamente normal. Es bueno que seas capaz de funcionar con ellas y no dejar que los prejuicios y la negatividad de la sociedad te impidan hacer aquello hacia lo que te diriges. Incluso hoy, cuando hay mucha gente despertando, todavía hay un poco de prejuicio en relación de lo que estamos haciendo aquí.

P: Yo no hago caso de eso.

R: Bien. Ésa es la mejor forma de aproximación a ello.

P: Estamos hablando de la duda. Muchos humanos están repletos de dudas. ¿Qué pueden hacer para cambiarlo?

R: Las dudas son algo humano; es algo de lo que vuestro ser superior no sabe nada. La clave para superar las dudas es confiar y tener fe en que estáis en buenas manos. Vamos a ir más allá de la fe y la confianza para decir que el antídoto para la duda es saber que estáis en buenas manos, saber que estáis a salvo, saber que sois buenos, saber que sois Dios. No vamos a decir que podéis saltar de un estado de profunda duda, en diez minutos o menos, hasta un estado de conocimiento perfecto. Pero sí diremos que hemos hablado sobre ello antes, en otro contexto, acerca de que podéis ir paso a paso. De modo que aceptad como buena la duda. No seáis tan autocríticos porque dudéis o porque seáis humanos. Debéis saber que estáis en buenas manos, y que la duda pasará, todo pasa.

P: Dices que estamos en buenas manos. ¿De quién son las manos?

R: Las tuyas. Las de Dios.

P: ¿Es la misma cosa?

R: La misma.

P: ¿Puedes hablar de eso? Es un concepto muy difícil de entender.

R: Sí, lo es. Uno de los términos a los que somos aficionados para decir Dios, es «Todo Lo Que Es», porque realmente lo que quiere decir es que todo ahí es correcto. Dios es Todo Lo Que Es. Dios no es el ser divino que está sentado allí arriba en alguna parte de las nubes en un trono y te dicta cómo debe ser tu vida. Dios no juzga ni critica. Dios no es ese tipo de entidad singular. Es la energía divina que lo impregna todo. Antes hablamos sobre que incluso los objetos inanimados tienen esa energía divina. Y ciertamente los seres vivos, plantas, animales, humanos, son todos parte de Dios. Dios es Todo Lo Que Es y la divina energía de Dios fluye a través de cada zona y partícula de todo lo que existe. Vosotros, como seres humanos, sois ciertamente una parte consciente de Dios. Las piedras y las plantas no tienen la misma consciencia, pero tienen un conocimiento de Dios, un conocimiento de la energía divina.

»Entendemos que es difícil, particularmente cuando hay tantos seres humanos que todavía se adhieren a la religión tradicional; nos damos cuenta de que es difícil para ellos aceptar este concepto, absorberlo y asimilarlo. Es decir, desde nuestra perspectiva, lo que Dios es, y así, literalmente, todos vosotros sois Dios. Todos vosotros sois Diosas. Y tenéis el poder que incluye ser divinos, incluso aunque no lo penséis durante la mayor parte del tiempo.

P: ¿Eso incluye la manifestación simultánea?

R: Puede. No es lo habitual, por aquello de lo que hablabas hace un momento, David, la duda. Pero sí, es posible.

P: ¿Habrá un punto en que pueda recoger, por ejemplo, una piedra o un trozo de madera y que haya una especie de mezcla de mi energía y la suya y que compartamos energía?

R: Seguro. Lo haces ahora con otras personas. Y también lo haces probablemente si tienes una mascota. Y sí, puedes hacerlo con una piedra, y puedes hacerlo con una mascota. Puedes hacerlo con todo. Es particularmente fácil con un ser vivo, como un humano o un animal, pero sí, ciertamente.

P: Quiero proponer un juego y disfrutar un poco con él. ¿Puedo lanzar ciertas palabras y que tú respondas a ellas?

R: Seguro.

P: Alegría.

R: Es el objetivo de tu vida. La alegría lo es todo. Si estás contento, vas a progresar. Y cuanto más contento estés, más rico serás. La alegría lo es todo.

P: ¿Por qué lo olvidamos?

R: Porque hay muchísimas distracciones en el mundo que os rodea. Realmente no es que lo olvidéis; simplemente lo perdéis de vista. Igual que nunca podéis estar desconectados de vuestro ser superior, pero podéis escamotearlo. Eso no es realmente olvidar. Es estar tan distraídos y tan inmersos en las cuestiones mundanas que, temporalmente, lo perdéis de vista. Todo es siempre temporal, todo lo que tiene que ver con vosotros, lo que vosotros sois.

P: Jesús.

R: Un gran maestro. No más hijo de Dios de lo que…

P: …¿pueda serlo yo?

R: De lo que tú lo eres. Exactamente. Un gran maestro, sí.

P: Ascensión.

R: Ésta es una palabra con la que John se siente incómodo. Para nosotros, la ascensión significa… todo lo que hemos estado hablando hoy es ascensión. Crecimiento. Evolución. Recordar quiénes sois. Volverse hacia la energía divina de la cuál procedéis. Eso es para nosotros ascensión.

P: 2012.

R: Vosotros creáis vuestras propias realidades. Así, algunos de vosotros vais a escoger participar en cualquier cosa que penséis que será 2012 y algunos otros escogeréis no hacerlo. El significado que nosotros vemos es que mucha gente es consciente y se centra en eso ahora. A cierto nivel, escogéis cuál de las realidades paralelas queréis experimentar.

P: Adolf Hitler.

R: Ése es un buen tema. Todos aquellos que, como tú dirías, han sido adversa o trágicamente afectados por la era de Hitler y por el propio Hitler están aquí porque han creado juntos, han cocreado esa pasada realidad, desde una perspectiva humana, ciertamente un tiempo trágico, triste y horrible de vuestra historia.

»Pero Hitler fue un catalizador para el crecimiento de muchas personas que participaron de ese holocausto. Y realmente fue un holocausto en términos humanos. De modo que de eso surgió algo bueno, y Hitler fue al cielo, sea lo que sea lo que concebís como cielo.

P: ¿Qué es el cielo?

R: Un estado de retorno a tu ser superior, a Dios. No es un lugar, es un estado del ser, un estado mental, si quieres. Vosotros podéis crear el cielo aquí en la Tierra, mientras aún estáis en estos cuerpos físicos. Y también podéis –sois muy buenos para eso– crear el infierno en la Tierra, cuando aún estáis en vuestros cuerpos físicos.

P: Otro concepto. Dinero.

R: El dinero es energía. La energía es ilimitada. El dinero es ilimitado.

P: Hablemos de alguien que no tiene dinero y quiere atraerlo, o crear un millón de dólares, ¿cómo puede hacerlo?

R: Bueno, la mayoría de la gente, especialmente si no tiene dinero, no son capaces de atraer un millón de dólares de la noche a la mañana. Nosotros hablamos de hacer las cosas a paso de niño. Para crear un millón de dólares necesitas tener lo que nosotros llamamos una consciencia de la abundancia.

P: ¿Es difícil conseguir dinero si no lo tienes?

R: Pero es posible. Seguramente habrás oído hablar de gente que estaba en la bancarrota, que lo perdió todo después de haber sido muy rica, y que fueron capaces de recuperarse hasta llegar a un estado de riqueza muy rápidamente. Eso es porque puede que hayan perdido su dinero, pero no su consciencia de la abundancia. Es de ahí de donde procede todo el dinero. Es simplemente energía, está fluyendo en el aire. Una vez que tienes consciencia de la abundancia, puedes tomar esa energía y manifestarla en forma de dólares o de cualquier otro tipo de abundancia. No tiene por qué ser precisamente dinero. Es cierto que alguien que haya tenido una consciencia de pobreza, probablemente no va a tener una consciencia de la abundancia mañana mismo. Pero eso es posible, si se va modificando un pensamiento cada vez. Un día cada vez. Un momento cada vez.

»Pensamos que una de las mejores maneras para que la gente que tiene una consciencia pobre la modifique es mirar a su alrededor y ver: ¿por qué cosas se sienten agradecidos y qué es lo que aprecian en sus vidas? No existe nadie en el planeta que esté completamente despojado de todo. Nadie. Siempre hay algún tipo de abundancia en tu vida. Puede que seas pobre en términos de dinero, pero que tengas una salud excelente. Puede que tengas grandes amistades. De modo que mira aquellas cosas que son abundantes en tu vida y eso te ayudará a acrecentar tu consciencia general de la abundancia y atraerá el dinero necesariamente.

P: Siempre parece haber algo por lo que sentirse agradecido. Algunas veces tomo un trozo de manzana y es muy jugoso.

R: Estáis rodeados de una magnífica abundancia; no obstante, hay muchas personas que no lo ven. Están centrados en aquello de lo que carecen.

P: Abducción extraterrestre.

R: No hay extraterrestres aquí afuera, solamente son colegas. Ciertamente hay otra vida distinta de la que vosotros conocéis aquí en el planeta Tierra, pero no hay enemigos ahí afuera, sólo amigos que aún no habéis conocido. La mayor parte de vosotros no los ha conocido.

P. ¿Alguna vez estarán entre nosotros?

R: En cierto sentido, ya lo están. Ésta es una comparación burda pero están entre vosotros de la misma forma que estamos nosotros.

P: Tú pareces un amigo, jefe Joseph. ¿Te he conocido anteriormente?

R: Sí. Hemos estado juntos muchas veces. Y tú eres un viejo y querido amigo.

P: Si quiero hablar más contigo, o si lo quiere hacer cualquier otra persona, ¿podemos contactar contigo?

R: Totalmente. John no tiene el monopolio sobre nosotros.

P: ¿ Bastará simplemente con tomar la decisión de hacerlo?

R: La decisión y la apertura para recibir. Es igual que abrirse a cualquier guía espiritual. Realmente no es muy distinto, en términos de energía, de abrirse hacia otro ser humano. Puedes cerrarte ante las personas que tienes a tu alrededor o puedes abrirte a ellas. En este caso es lo mismo. Si estás abierto, la persona o el espíritu van a ser receptivos.

P: Hemos entrevistado a otros seres o entidades para este documental. ¿Los conoces?

R: Sí. Somos colegas. A veces trabajamos juntos. Obviamente no en este contexto, pero sí, somos todos viejos amigos.

P: Bruce Springsteen.

R: Un alma talentosa. Proporciona un montón de alegría a la gente.

P: ¿Quién mató a JFK?

R: JFK mató a JFK. Como hemos dicho antes, cada cual escoge la manera y el momento de su muerte. Y ciertamente eso es verdad en su caso. JFK está bien ahora.

P: Libertad de elección.

R: La base de vuestra existencia es la libertad. Todos vosotros tenéis libertad de elección. De modo que sois libres. Nos damos cuenta de que mucha gente estaría en desacuerdo con nosotros y no lo ven así, pero todos sois libres de hacer lo que queráis. Sois libres, libres, libres. La libertad de elección, tal como lo vemos, es parte de lo que sois. Incluso aunque muchos de vosotros escogéis encadenaros y limitar vuestras libertades, también eso es una elección. Pero sois libres.

P: ¿Es la suma total de nuestras vidas el producto de nuestras elecciones en cada momento en que decidimos libremente?

R: Básicamente, sí. Lo que estáis viviendo hoy es el resultado de las elecciones que habéis hecho ayer, hace diez años, veinte años atrás. Pero eso es irse por las ramas. Nosotros siempre abogamos porque la gente no mire nunca hacia atrás en el sentido en que lo hacen muchos. Como cuando dicen: «Si no hubiera hecho esta elección hace diez años, no estaría sufriendo hoy». Bueno, puede ser, pero dado que tenéis libertad de elección, podéis escoger hacia dónde encaminaros de hoy en adelante. Y las elecciones que hagáis hoy crearán vuestro mañana, vuestro próximo año, vuestra siguiente década. De modo que sí, vuestras elecciones determinan todo lo que vais a crear. Todo es cuestión de vuestras elecciones, de lo que escogéis en términos de pensamiento y la entera e inmensa variedad de elecciones posibles.

P: ¿Es verdad que mucha gente vive por omisión y no por elección consciente?

R: Sí, es verdad. Siguen siendo creadores, todos vosotros sois poderosos creadores, pero ellos crean simplemente sin elegir lo que quieren. En lugar de eso, se centran en lo que otras personas eligen para ellos, o en los medios de información o lo que sea. Vosotros sois creadores poderosos. Vosotros creáis todo lo que experimentáis. Y la única alternativa a eso es convertiros en víctimas, del destino o de lo que sea, del maltrato materno o paterno, o de cualquier otra cosa. No importa lo que sea. No hay víctimas. No hay víctimas en absoluto.

P: Otro concepto. Trabajador de la luz.

R: Eso nos gusta. Es un buen término, porque vosotros los que sois conscientes y despiertos espiritualmente, estáis trayendo más luz al mundo. Estáis esclareciendo al mundo que hay a vuestro alrededor y a la gente que os rodea, y sirviendo como ejemplo para los demás de lo que es una vida feliz y alegre. Cuando eres un auténtico trabajador de la luz, cuando aportas luz a tu propia vida, al mundo y a la gente que te rodea, consigues un efecto muy profundo.

P: Yo siento que este documental que estamos haciendo va a estar lleno de luz. Interpretando la energía, ¿sientes que será visto por un montón de gente?

R: Sí. La gente está preparada para esto, David. La gente está preparada. Están hambrientos de algo. A menudo, los canales tradicionales, si quieres, no funcionan. La gente se está alejando de la religión tradicional. O si permanecen en ella, lo hacen a la medida de sus propias necesidades y deseos. La gente tiene hambre de respuestas.

Vosotros creáis todo lo que experimentáis. Y la única alternativa a eso es convertiros en víctimas... No hay víctimas. No hay víctimas en absoluto.

»Están hambrientos de sí mismos, realmente, de descubrir por qué están aquí, quiénes son, y de saber que sus vidas tienen propósito y sentido. De modo que esto va a ser un magnífico vehículo para llevar esa consciencia a muchas personas.

P: Tengo la esperanza de que sea así. Tengo la esperanza de que no consideres esa pregunta frívola, pero ¿Sasquatch?[9]

R: No hay preguntas frívolas. Un ser encantador. Una especie de ir y venir.

P: ¿Es sólo un ser?

R: No, no estamos hablando de un ser, sino del grupo, si quieres. La raza. Hay muchas, muchas formas de vida que no os dais cuenta de que existen aquí, ahora. Algunas de ellas en la Tierra. Algunas de ellas no son necesariamente físicas, pero están a vuestro alrededor. El Sasquatch es justamente uno de esos misterios encantadores, si así lo quieres.

P: ¿Puedes decirlo de un modo menos misterioso?

R: El objetivo, tal como nosotros lo vemos, de ese tipo de experiencias es simplemente daros un panorama global de la vida que usualmente tenéis como seres humanos. Saber que hay mu-

---

9. Ser mitológico también llamado Big Foot (Pie Grande) semejante a un simio, que vive en los bosques, sobre todo en la zona noroeste del Pacífico en América del Norte. El nombre procede de un grupo de lenguas amerindias habladas en el suroeste de Canadá y noroeste de Estados Unidos, y significa «hombre salvaje». *(N. de la T.)*

cha más vida, incluso en el planeta Tierra, de la que podéis ver claramente…

P. ¿Cómo podemos conectar más con esas otras formas de vida? Siento que estoy preparado para conocer algunas de ellas.

R: Entonces lo harás. Muchas personas, cuando consideran algo como el Sasquatch, lo hacen desde una perspectiva de miedo y aprensión. Pero cuando estáis abiertos a esas diferentes formas de vida, que es precisamente como abrirse a un guía espiritual, entonces podéis comunicaros con ellos y ellos se abrirán a vosotros. Hay una distancia ahí que no puede ser salvada hasta que vosotros no os abráis a ellos desde el corazón, no desde vuestras cabezas.

P: Ahora, jefe Joseph, y no quiero que te ruborices. Sexo.

R: Oh, nosotros amamos ese tema. El sexo es la experiencia peor interpretada y más difamada de la raza humana. El sexo ha sido previsto como una de las más placenteras y poderosas experiencias de cuantas un ser humano pueda tener. Aunque vosotros la habéis asociado a todas esas ideas erróneas y esos «se debe» o «no se debe», y todas esas ideas inapropiadas acerca de lo que realmente es. Cuando vosotros os unís con otro ser humano en una relación romántico-sexual, tanto sea del mismo o de diferente sexo, eso realmente no importa en nuestra opinión, con un espíritu de profundo afecto y amor —y recuerda nuevamente cómo definimos nosotros el amor, como la elección de ver la divinidad en todos los seres—, cuando os aproximáis a una relación romántica desde esa perspectiva, el sexo será fantástico. Así será. Pero, con mucha frecuencia, la gente que es abierta de mente e iluminada, si lo quieres, cuando se trata de sexo se siente aprisionada en sus relaciones sexuales y eso debilita toda la experiencia. El sexo es maravilloso, una poderosa vía de comunicación con tus compañeros, los seres humanos.

P: Karma.

R: Nosotros no enseñamos o creemos que vosotros tengáis que pagar deudas pasadas, si quieres. Y así es como mucha gente ve el karma, como si debierais compensar ciertas pasadas fechorías de esta vida o de otras. Y eso, desde nuestra perspectiva, no tiene sentido. Si quieres que te seamos francos sobre eso, son pamplinas. Dijimos antes que todo vuestro poder se manifiesta en el momento presente. No estáis en modo alguno encadenados al pasado. Ni al pasado de esta vida, ni al pasado de otras muchas vidas. Y por eso no hay nada que pagar. Todo lo que necesitáis hacer, en nuestra opinión, es saber hacia dónde queréis encaminaros desde ahora. No importa cómo habéis llegado hasta aquí, no importa cuantos «pecados» podéis haber cometido en el pasado. El karma, pensamos, es causa de mucho dolor y de angustia innecesarios para la gente.

P: ¿Por su creencia en el karma?

R: Porque creen en esto, por ejemplo: que su sufrimiento en esta vida es la consecuencia de algo que han hecho y que ni siquiera recuerdan. Sí, eso causa dolor y sufrimiento. Si tienen una enfermedad física o alguna deformidad y culpan al karma, es una aproximación a la vida verdaderamente improductiva, porque como hemos dicho antes, todo vuestro poder se expresa exactamente ahora, no importa lo ocurrido en el pasado. Todo lo que importa es hacia adónde vais desde aquí, y tenéis todo el poder de ir hacia donde queráis de aquí en adelante, exactamente desde aquí. Y ahora es cuando tenéis ese poder.

P: George Bush y Dick Cheney.

R: Tío, ellos os enseñaron mucho. Nosotros entendemos que hoy sean bastante impopulares. Diremos que lo han hecho lo mejor que pudieron. Pero os han enseñado mucho acerca de lo que no queréis, y desde esa perspectiva de saber lo que no queréis, podéis tener claro lo que *sí* queréis y, al hacerlo, adquirís el poder de *crear* lo que queréis. Tenéis que comenzar por casa, empezar por vosotros mismos. Pero George Bush y Dick Cheney fueron buenos maestros para todos vosotros.

P: ¿Y ellos también son Dios?

R: Eso es correcto, exactamente. Ellos no son aquí los enemigos. Si hay un enemigo, eres tú, en tu visión de ti mismo. Porque no puedes ver a otra persona como tu enemigo, sin que eso proceda de algún sitio de tu interior en el que tú eres tu propio enemigo.

P: ¿Se trata de un sitio de odio por uno mismo?

R: Si tú te aceptas y te amas completamente, vas a aceptar y amar así incluso a aquellos que, de otra forma, llamas tu enemigo. Aquellos con los que disientes, aquellos a quienes te gustaría ver, especialmente si son personajes públicos, haciendo algo distinto. Es cuestión de ver el panorama general. Imagina cómo Jesús o tu ser superior, o Dios verían a George Bush y a Dick Cheney y eso te permitirá captar cuál podría ser una forma mejor de verlos.

P: Tengo una pregunta muy importante. ¿Por qué el mundo está obsesionado con Britney Spears?

R: Los famosos, en general, provocan en la gente un anhelo, un ansia de poseer una grandeza propia. Ven a esas estrellas como personas fabulosas, cualquiera que sea el sentido en el que pueden percibir la idea de ser fabulosos. Lo que resulta tan seductor en ellas es que la gente quiere ver esa misma grandeza en sí misma. Esos personajes públicos sirven como catalizadores y maestros para mostrarte que tú también eres importante. No tienes que vivir tu vida indirectamente a través de esas figuras; puedes vivirla felizmente a través de tu propia grandeza.

P: Otro concepto importante. David Thomas.

R: Eres verdaderamente una vieja alma encantadora, David, y eso lo sabíamos desde hace mucho tiempo. Estamos encantados de haber sido capaces de conectar, como así ha sido en cierto modo, físicamente a través de John. Aplaudimos lo que estás haciendo. Pensamos que eres un catalizador que traerá mucha más luz al mundo, y realmente estás atrayendo ya a la gente deseosa de lo que estás creando, incluso aunque puede que tú no seas completamente consciente de ello.

P: Jefe Joseph, siento como si debiéramos ir concluyendo. ¿Hay algo más que quisieras añadir, quizás algunas palabras inspiradoras para nuestros espectadores?

R: La base de nuestra labor aquí con John es simplemente la de animar a la gente a ser feliz, a descubrir la bondad del mundo a su alrededor, a buscarla, a buscarla deliberadamente. No es sólo toparse con ella por accidente, sino buscar el bien ante todo en su interior. A ser agradecidos, sentirse satisfechos por el regalo de la vida que contienen sus cuerpos humanos. Todos vosotros sois extensiones físicas de vuestro ser Dios y ése es el mayor regalo que habéis recibido jamás, en el momento en que llegáis en vuestra forma física. De modo que, hallad alegría en eso, hallad la alegría en vosotros mismos, hallad la alegría en la gente que hay a vuestro alrededor. Vuestros seres queridos, vuestros amigos, vuestros compañeros de trabajo, buscad el bien, incluso en la gente con la que podéis disentir, como George Bush y Dick Cheney. Buscad el bien en cada uno, buscad el bien en cada cosa.

Buscad el bien. Buscad la alegría, y encontraréis la alegría y el bien se acrecentará en vuestra propia vida, y no hallaréis nada mejor que eso. Ésa es vuestra meta, la alegría. Sed alegres. Sed la alegría.

P: Gracias, jefe Joseph, estoy deseando hablar contigo otra vez.

R: Gracias a vosotros, David y Matt. Ha sido un placer inmenso estar hoy con vosotros. Y ahora, quiera la paz del Gran Espíritu estar siempre con vosotros en todas sus formas.

*   *   *

Esta entrevista, en especial aproximadamente el último tercio, fue similar a una fiesta. ¿Sasquatch? ¿Britney *estrafalaria* Spears? No esperaba cultivar realmente ese suelo, pero me encontré tan cómodo con el jefe Joseph que me lancé libremente.

Y fue una fiesta que yo no quería que acabase. De modo que John nos acompañó en el auto alquilado y nos dirigimos al campo, donde Matt rodó unos metros de película de las montañas salpicadas de nieve, vastas extensiones de hermoso paisaje y lánguidos ciervos.

Acabamos en un local de carnes a la parrilla, después fuimos a The Irma, un hotel céntrico construido por el memorable Bill Hickok el *Salvaje*.[10] Todavía mantenía su atmósfera antigua, y mientras Matt y John disfrutaban de una infusión, yo me sentí muy complacido al descubrir una mesa en la que se jugaba al póquer, en una sala trasera del bar, que se llamaba Silver Dollar Saloon.[11]

Jugaban la versión Texas hold 'em, y se encargaba del juego una criatura semejante a Gargantúa, con los hombros con la anchura de los de un defensa de fútbol americano y un semblante serio. Debía de medir un metro noventa y cinco, y pesar por lo menos ciento treinta kilos. Esta persona vestía como en el viejo oeste y parecía alguien con quien no convenía meterse. Sólo a la segunda ojeada –bien, puede que incluso a la tercera– descubrí que en realidad era una mujer. No quiero ser borde, pero de verdad que tenía el tamaño aproximado de un bisonte y era toda ella músculos. No había visto nunca una persona así en toda mi vida, y sus maneras hurañas me hicieron tener incluso mayor aprensión.

Pero había un sitio libre y yo amo el póquer, de modo que me senté. Y jugué. John vino y se despidió. Seguí jugando, Matt volvió al hotel.

Bebí cerveza y jugué al póquer con los lugareños durante horas. Cuando les dije que estaba en el pueblo para entrevistar al jefe Joseph para un documental, la mayoría me miró con descon-

---

10. James Butler Hickok, llamado Bill el *Salvaje* (1837-1876). Soldado, aventurero, jugador y pistolero, que llegó a ser *agente de la ley* de un condado estadounidense. *(N. de la T.)*
11. El Salón del Dólar de Plata. *(N. de la T.)*

fianza. Ninguno dijo nada abiertamente ofensivo, lo que me alivió, pero podría decir que todos pensaron que el «chaval» de Los Ángeles que hablaba con personas muertas era un bicho raro.

Yo lo consideré sencillamente como un gran avance, aceptando sus opiniones y centrándome en lo bueno, tal como el jefe Joseph había aconsejado. La cerveza estaba fría y aplacaba mi sed. El póquer es divertido. Yo estaba ganando. Esa corpulenta crupier, a la que sólo se la podía llamar «Calamity Jane»,[12] era de una ralea con la que yo nunca antes me había topado y probablemente nunca más me volveré a topar. La estudiaba como Margaret Mead[13] pudo haberlo hecho con una tribu desconocida. Pero de hecho, todo era bueno.

El bar cerró y el juego fue interrumpido. Pregunté si alguien tenía el teléfono de alguna compañía de taxis. Y entonces ocurrió algo sorprendente: Calamity Jane me dijo que ella me llevaría al Motel 6.

Analicé rápidamente la situación. ¿Iría a robarme los 215 dólares que acababa de ganar? ¿Demandaría favores sexuales, quizás de tipo violento, a cambio del viaje? ¿Sacaría un cuchillo con hoja de sierra de sus botas de cuero de ciervo y lo usaría para algún innombrable ritual allí en el quinto pino?

Por supuesto que no. Era un humano ofreciendo ayuda a otro humano. Tan natural como pueda serlo. De modo que fui conducido por Calamity Jane en su furgoneta roja hacia el motel, sin hablar mucho —ella no era del tipo locuaz— sino sencillamente compartiendo la fresca y despejada noche de Cody con una nueva amiga.

---

12. Martha Jane Canary Burke (1852-1903). Guardia fronteriza y exploradora profesional estadounidense, que tuvo amistad y afirmó haberse casado con el ya mencionado Bill Hickok, el *Salvaje*. Combatió contra los indios americanos. *(N. de la T.)*
13. Antropóloga cultural estadounidense (1901-1978).

Seis

Lee Carroll canalizando a Kryon

A la semana siguiente, de vuelta en Los Ángeles, teníamos programado entrevistar al sexto y último canalizador. Matt estaba ahora tan entusiasmado con el proyecto, que incluso había conseguido entusiasmar con el film a sus socios en el negocio de las películas. «Puedo asegurarte que piensan que es un poco rara –dijo–. De modo que yo sólo les dije, "¡Esperad a verlo! ¡Esta historia es genial!"». Tuve que sonreír, ahora estaba tan ilusionado con la canalización como yo. Un converso… Matt era un converso.

Lee Carroll era quizás el más famoso de los canalizadores del proyecto, su libro había vendido más de un millón de ejemplares y tenía innumerables seguidores en todo el mundo. Yo había oído horas de grabación donde él canalizaba a un ser llamado Kryon. Leí resmas de texto. De modo que ya sabía que el estilo de Kryon era algo más profesional de lo que yo estaba acostumbrado.

Durante las conferencias, por ejemplo, Kryon nunca aceptaba preguntas del público, y hasta ahora había rechazado ofrecer entrevistas con una cámara de por medio, en cualquier momento o lugar. De modo que estaba realmente sorprendido –además de encantado– cuando Lee y Kryon aceptaron participar en el proyecto. Durante la entrevista descubriría exactamente por qué habían aceptado que los grabáramos.

Lee viajó en tren desde su casa en Escondido, cerca de San Diego, hasta Los Ángeles, y Matt lo recogió y lo condujo, bajo la fina lluvia de febrero, a su pequeño apartamento justo encima de

Hollywood Boulevard. Una amiga había estado de acuerdo en permitirnos usar su casa en Berverly Hills para rodar la entrevista, pero a último momento había cancelado el compromiso, de modo que tenía la esperanza de que a Lee no le importara la sencillez del lugar.

Paseando a grandes zancadas de aquí para allí en el pequeño salón, con las manos entrelazadas por detrás y vistiendo un jersey de punto trenzado color celeste, Lee parecía el más improbable de los canalizadores. Si alguien de unos sesenta y cuatro años puede ser descrito como un niño bien estudiante de bachillerato, eso era lo que Lee parecía, pese a que ciertamente no era el tipo de pijo altivo. Era curioso y nos acribilló, a Matt y a mí, con preguntas sobre nuestras propias vidas.

Yo estaba nuevamente deslumbrado por lo juvenil que parecía este canalizador y le pregunté por ello. «Bueno –dijo–, Kryon me ha dicho que cuando estoy en estado de trance, cuando estoy canalizando, realmente el envejecimiento se detiene. Que no tengo edad, en general. Y yo lo he estado haciendo desde 1989, por supuesto que no canalizando a diario, pero sí mucho. De modo que estoy seguro que, en mi caso, eso ha retrasado el proceso de envejecimiento».

Matt encendió las luces, revisó las cámaras; Lee se sentó en el sofá y yo frente a él en una silla. Lee estaba tan relajado como un gatito, pero yo estaba un poco nervioso, quizás por querer causarle una buena impresión a Kryon, dado que yo sabía que era la primera persona que lo iba a entrevistar. Pero ante todo, quería saber más sobre la vida de Lee como canalizador.

«Mira, hace treinta años pensaba que todo eso de las cosas esotéricas eran para mujeres mayores de cuarenta años y que no tenía nada que ver con los hombres –explicó Lee–. De modo que fui arrastrado hacia esos dos tíos que canalizaron para mí, y ahí hubo *algo,* eso ocurrió ya hace tres años. Ambos me dijeron lo mismo. Me llamó la atención que dos tíos, veinte años más jóvenes que yo hace tres años cuando me lo dijeron, y que no se conocían el uno al otro, pudieran tener idéntica información. Y esa información resultó ser que había un maestro llamado Kryon con el que supuestamente yo estaba comunicado».

¿Se había sentido aprensivo o había tenido dudas, en general?, le pregunté.

«Por supuesto que sentí todo eso –dijo–, fui ingeniero de sonido durante muchos años. No me gusta mucho la gente. Prefiero pasar la mayor parte de mi tiempo en una cabina de sonido, y eso sí me gusta. No soy especialmente un buen lector, ni un orador, y ciertamente tengo muy poco, si es que tengo alguno, interés en la metafísica o en los asuntos espirituales».

Y ahora estaba, dos décadas más tarde, hablando en casas llenas de gente en todo el mundo, e incluso Kryon había hablado varias veces en las Naciones Unidas.

«Yo seguí lo que únicamente puede ser descrito como los impulsos de mi alma. Era algo que *sabía,* supuestamente, que yo debía hacer. Entonces no sabía por qué, pero me sentía bien. Ahora sé que es un acuerdo prenatal que hice para ser el receptor humano de Kryon aquí en la Tierra. Aunque no soy el único; otros también lo canalizan públicamente; no obstante, creo que soy el único en este país».

Incluso después de haber sido canalizador durante varios años, Lee todavía tenía ciertos recelos… no sobre la propia canalización, sino acerca de dejar que las personas de su entorno privado supieran lo que hacía.

«Bueno, tengo varias familias, como muchos de nosotros, y más de un matrimonio –explicó–. A mi esposa actual me la presentaron en los estudios de grabación. Y por entonces yo iba por mi tercer libro sobre Kryon. Ella y yo estuvimos saliendo durante mucho tiempo, antes de que yo abriera la boca sobre lo que estaba haciendo. Y recuerdo el día: íbamos a ir a tomar unos espaguetis. Y nunca lo hicimos porque yo llevé mis libros. Me dije: "Es ahora o nunca. Ella debe saberlo". Porque sentí, sentí mi corazón y lo que estaba ocurriendo. Y dije: "Tengo que hacerlo, es hacerlo o romper ahora mismo". Entonces llevé mis libros a su casa, y nunca salimos de allí. Porque ella, de hecho, los cogió todos, y dijo: "Tengo que pensar sobre ello". Leyó los libros, me llamó y dijo: "Éstas son todas las cosas en las que siempre he creído"».

Con eso, estábamos preparados para la presencia especial de Kryon, de modo que Lee cerró los ojos, inspiró larga y hondamente una bocanada de aire y lo expulsó. Pocos segundos después, una voz clara y profunda estaba hablando, y la cara de Lee, de hecho todo su cuerpo, se veía más animado.

«Saludos, queridos, yo soy Kryon», dijo la voz.

Incluso entonces, apenas comenzado el encuentro, cuando le pregunté si quería hacer alguna declaración inicial, sentí una confiada y poderosa energía que emanaba de aquel ser, pero no era en absoluto avasallante. Si Tobias era como un hermano, Kryon era más bien como un tío, fuerte pero amable.

*　*　*

R: No hay algo así como una declaración inicial para Kryon, pero hay una en tiempo real, en este momento. Dice que lo que está ocurriendo precisamente aquí, lo que estáis recogiendo con vuestra tecnología, es el paso que os hemos dicho que bien puede suceder en esta nueva energía. Es uno de los muchos pasos que podéis experimentar e imaginar, con el que el ser humano es guiado hacia un sitio en el que servirá a otros seres humanos con honestidad. Allí donde puedan ver por sí mismos qué es lo que pasa o no, en relación con lo que llamáis canalización, y que nosotros llamamos el amor a Dios, que es comunicar con humanos a través de humanos. De modo que, de hecho, ésa es la frase inicial y quisiera decir: bendito es el ser humano que está viendo esto en el momento en que tiene la mente abierta y la integridad espiritual para preguntar: «¿Es Dios más grande de lo que yo pienso? ¿Seguiré viendo? ¿Será esto real?».

P: ¿Puedes explicar un poquito lo que tú eres?

R: Kryon es el nombre que he escogido dar por razones numerológicas a la entidad que es un ángel y es tu hermano y tu hermana, y que conoces cuando no estás en el planeta. Cuando no estás en la Tierra. Yo te conozco a ti y conozco tu nombre. Tú eres una parte del total que llamáis Dios. De modo que piensa en mí como un hermano, como una hermana, como una presencia angélica, no como una autoridad, nunca como alguien a quien venerar. Yo soy alguien que se introduce en tu dimensión a través de mi compañero, que es Lee. Alguien que os proporciona información para mejorar vuestra vida, y hace sugerencias que os acercarán más al sistema universal de lo que vosotros llamáis cocreación. Por lo tanto, podrías decir que soy Kryon, el que ama a la humanidad.

P: A menudo te refieres a ti mismo como Kryon «del servicio magnético». ¿Qué quiere decir eso?

R: Yo soy el primero en daros los mensajes en lo que se refiere a la red magnética del planeta, el que se comunica de una forma interdimensional con vuestro ADN. Lo que vosotros no sabéis y vuestra ciencia todavía no ha descubierto es que el ADN es también magnético. La hélice real y las características de los cromosomas que alberga están en forma de bucle. Y ese bucle tiene una corriente eléctrica circulando a través de él, al igual que las sinapsis en vuestro organismo. Por lo tanto, cualquier elemento que incluya una corriente eléctrica, asociada a una estructura física en forma de bucle, es susceptible de generar un campo magnético. Éste es pequeño pero dinámico. El campo se crea a través de una superconductividad; es decir, que hay mucho más circulando a través del bucle de lo que podéis imaginar, incluso sin la fuente de potencia. Ese campo magnético que tienes como ser humano se entrecruza con el campo magnético que está en la Tierra, y ambos son muy pequeños. Eso genera lo que habéis llamado inducción electrónica; inducción, por tanto, es la descripción de la comunicación entre dos campos magnéticos superpuestos.

»El campo magnético de vuestro planeta cambió desde el año 1989 hasta el 2002, lo que fue registrado por vuestros científicos.

Se movió más en esos diez años que en los cien anteriores. Eso es lo que dijimos que ocurriría cuando me incorporé, acerca de levantar el velo. Es sobre una nueva forma de comunicación con vuestro ADN. Es en relación a la preparación para el año 2012. Por lo tanto, y debido a que es mi especialidad, yo he sido llamado «el del servicio magnético». Es en verdad un nombre que no ha sido comprendido, quizás comenzó siendo parte de una metáfora, sin embargo, permaneció.

P: ¿Sabes lo que va a ocurrir cuando se vea esta película?

R: Querido, yo sé quién está mirándola ahora mismo, cuando ni siquiera para ti está acabada aún. Conozco el potencial que tiene esta pantalla para los ojos en el momento. Todas las potencialidades son conocidas en el presente. De aquellos que la están viendo justo ahora, puedo decir: «Conozco vuestros nombres, conozco el potencial que tú de hecho puedes depositar en este medio y lo veo como que estás en el tiempo adecuado y sincrónico para verlo. Y tengo que decirte, sabiendo todo lo que puede haberte traído aquí: «¿Qué es lo que vas a hacer con esto?». Es muy, muy difícil de explicar a una criatura de la tercera dimensión, en la Tierra, debido a que no existen los adivinos, pero las potencialidades están todas ahí. De modo que si tú eres uno de los que está mirándola ahora, y lo eres, tiene tanto potencial como tú quieras conferirle y yo sé quién eres debido a eso.

P: Kryon, si todos somos maestros, ¿por qué decidimos venir a la Tierra y ocultar nuestra maestría?

R: Acabas de hacer la pregunta: «¿Qué es la vida?». Eso ha sido ocultado una y otra vez. Tantas comunicaciones, tantas canalizaciones a través de los años intentando explicar al ser humano por qué los ángeles, como sois vosotros, tendrían que venir a la Tierra disfrazados de seres humanos, a este campo de juego plano, olvidando quiénes son. Y trabajar en un escenario que a veces presenta tantas dificultades, tan desafiante en ocasiones, tan satisfactorio en otras. Eso es porque hay un examen que pasar en este planeta. Es el único planeta de libre elección y hay billones de planetas. El único en el universo que en este momento tiene partes de Dios, disfrazadas de seres humanos, viviendo en su superficie. Es un sistema. Lo que ocurre al final de un cierto período de tiempo va a ser medido. Al ser Gaia la energía de la Tierra, ella está relacionada contigo y lo que tú haces con tu vibración va a afectar también a Gaia. Y al final del examen, se verificará la medida. Los ángeles no pueden tomar esa decisión por sí mismos. Dios no puede tomarla, porque Dios está mediatizado por el amor. Por tanto, es una prueba imparcial de crecimiento o de disminución vibracional. Al final de ese período, en un futuro muy distante, cuando la elección humana ya no sea humana, la vibración será aplicada a una nueva creación, a un nuevo universo sobre el que deberemos andar.

»Solamente te he hecho un resumen, que no te servirá en general para tu vida. Simplemente es para el ser humano curioso que quiere saber de qué van las cosas, que quiere saber por qué hay desafíos, y de hecho la verdadera pregunta es por qué, siendo una parte de Dios, debes venir y hacerlo.

»Por eso Kryon lava vuestros pies. Porque yo amo lo que sois. Porque sois los únicos que decidís hacer el trabajo difícil. Y me gustaría deciros que la mayoría de vosotros, que veréis esto imparcialmente justo ahora, ya habéis estado antes aquí, e interiormente sabéis lo que es. Y vosotros sois los únicos que volveréis de nuevo para hacer algo más.

P: Si hemos estado antes aquí y somos tales maestros, ¿por qué en ciertos aspectos hay tanta frustración?

R: La frustración se sustenta en lo que vosotros llamaríais dualidad. No podéis hacer un examen sin que haya un enigma. El enigma es la dualidad. La dualidad se representa como una multifrecuencia multidimensional de oscuridad y de luz. Y cuando vosotros llegáis os regalan ese enigma. Como tenéis libertad de elección podéis ir en cualquier dirección que queráis, y muchos eligen rumbos que realmente generan el drama, que es lo que crea el desafío. Ellos tienen que decidir si se van o se mantienen en ellos, y ahí tienes la libre elección del ser humano, ahí tienes la enseñanza.

»Por lo tanto, la respuesta a tu pregunta es: llegas a un campo de juego ya de por sí difícil, donde la energía no es proporcional a tu divinidad. Y eso, amigo mío, es lo que causa las guerras, las frustraciones, la falta de integridad, la deshonestidad, y muchas de las cosas en las que estáis sumidos y que tú ansías que mejoren. Ése, amigo mío, oh, querido, ése es el potencial de este planeta. Presta atención. El potencial de este planeta es mayor que cualquier otra cosa que hayas visto jamás. E incluye la paz en la Tierra. Incluye a aquellos que van a resolver los problemas en lo que vosotros llamáis Medio Oriente. Lo que parece no tener solución, se podrá resolver.

«Ésa es la razón de por qué Kryon está aquí, para deciros que la energía en la que estáis ahora, se está acrecentado. Aquellos que sigan tu senda, aquellos que, de hecho, nacen cada día y trabajan aquí, sobre este planeta Tierra, se pueden decir que son como un niño viendo nacer una nueva energía, y ellos tienen una nueva consciencia. A eso es a lo que debes estar atento, ésa es la respuesta.

P: De modo que los niños, en cierto sentido, lo entienden. ¿Pero, hay esperanza para nosotros, los que somos un poco mayores?

R: Vosotros estáis viendo que la evolución está teniendo lugar. Estáis viendo de una manera grandiosa, cómo cambia realmente el ADN. Vosotros estáis viendo realmente a niños que tendrán una actitud distinta que cualquier otro niño haya tenido antes. Eso es comprensible en las especies evolutivas. Estás preguntando si tú como ser humano adulto puedes cambiar, y la respuesta es absolutamente, y sí, porque puedes convertirte en un niño. Puedes ser como ellos. Todo lo que tienes que hacer es tener el propósito de cambiar la energía. Ésa ha sido siempre la lección. Ellos nacen con eso; vosotros debéis aprenderlo. Ésa es la enseñanza de Kryon, siempre lo fue, cómo los seres humanos en cualquier situación, y cualquier energía, ante cualquier desafío o problema pueden hacer una revisión de sus vidas para hallar la parte de Dios que está en su interior y tener entonces la luz que se merecen.

P: ¿Nací con esa inocencia y ahora tengo que recuperarla?

R: Los humanos piensan que han nacido puros. Les gustaría pensar que son justos. Ése no es el caso. Piensa por un minuto en vuestros animales. Admitiríais libremente que las especies animales nacen con instinto. Pueden perder a sus padres a una edad muy temprana y aún así sabrán quiénes son sus enemigos, qué deben comer, cuáles son los venenos, hacia adónde deben ir o hacia adónde deben volar para no sentir frío. Ellos llegan con instinto, y lo mismo pasa con el humano. Nace con el instinto, que algunos han llamado karma —lo que no es muy acertado—, con un modelo previo y equipado con lo que ha experimentado anteriormente; algunos tendrán que decidir si continúan en esa dirección o desaprenden. Porque no llegas a un terreno de juego neutral, sino equipado con una predisposición a enfrentar desafíos. Es parte de la dualidad.

P: ¿Por qué elegimos hacer eso una y otra vez?

R: El proceso es éste: cuando un ser humano supera un desafío que se le presenta, se produce una nueva energía que ayuda al planeta. Ahora probablemente entiendes un poco más. De manera que cuando tú dejas de hacer las cosas como estás predispuesto a verlas, te rebelas y las dominas, el benefactor no eres sólo tú, sino también quienes están a tu alrededor y la propia Gaia. De modo que ahí hay un motor de cambio, se puede decir, que son los seres humanos que entonces invalidan su drama. Son seres humanos que superan el desafío. Y esa energía incluso puede sentirse. Te desafío a que atravieses por algo similar a eso, sin sentirlo. En el otro extremo de ese desafío, que has invalidado, está la euforia. Es una epifanía, un abrazo del espíritu, y tú sabes que has hecho algo espectacular. Por lo tanto, la respuesta a tu pregunta es ésta: tú llegas predispuesto a enfrentar los desafíos, y cuando lo haces, resolviéndolos y superándolos, la beneficiaria es Gaia.

P: Dices que la Tierra es el único planeta de libre elección entre billones.

R: Ésa es la verdad.

P: ¿Por qué es así o cómo funciona?

R: Es un gran proyecto. Un proyecto que va mucho más allá de lo que podáis pensar. Vosotros conocéis ese gran proyecto. Así de fino es el velo que separa el conocimiento pleno del vuestro. Vosotros venís voluntariamente para trabajar en el gran proyecto. Ya expliqué lo suficiente sobre él para que sepáis lo que ocurre aquí. Realmente va a cambiar algo en lo que llamáis vuestro futuro. Tiene que ver con una escala universal, otro universo. Hay universos creándose todo el tiempo. Los universos se van creando a través de los cambios de dimensiones.

No hay algo como el Big Bang, y algún día vuestros científicos lo verán. El residuo que medís en el espacio y que pensáis que es el Big Bang es un cambio físico; todo ocurre al mismo tiempo. Ésa es una característica de la interdimensionalidad. No es una característica de la cronología que llamáis Big Bang. Todo el tiempo nacen universos y cada uno de ellos tiene una energía inicial. Es parte de un plan que ha estado con nosotros desde hace eones. Desde el comienzo mismo, en este universo se sabía que aquí iba a haber una Tierra. Y que estaría habitada por ángeles. Y que sería un sitio único. Que allí habría más inteligencia que en todo el universo y la hay, pero éste es el único sitio en el que es posible lo que está ocurriendo y que vosotros habéis llamado «el examen». A pesar de que quizás no entendáis las razones, os decimos que hay integridad, que hay amor, que hay grandeza, y que al otro lado del velo vosotros lo sabéis todo acerca de ello.

P: De manera que es cierto que cada ser humano en la Tierra es un ángel.

R: Todo ser humano en la Tierra es un ángel.

P: ¿Por qué no lo entendemos y no lo vivimos?

R: La dualidad es lo que se ha definido como aquello que os impide conocer vuestra condición angélica. Y aparentemente es una contradicción, para que podáis decir «Tenemos que hacer un examen; ¿por qué no podemos saber más acerca de lo que somos?». Lo hemos dicho antes. Si es intuitivo, lo que se está llevando a cabo en este planeta, ya podemos apagar la luz y que cada cual se vaya a casa. Ya lo ves, tiene que haber secretos, tiene que haber un revestimiento, tiene que haber un velo, tiene que haber una energía predeterminada que diga: «No puede ser así». Eso crea una pequeña montaña que hay que escalar, ¿no es cierto? Aquellos que miran este video, aquellos que tienen este programa en sus casas, aquellos que lo están viendo ahora, tened en cuenta que esto es parte de la montaña que debéis escalar. Hacerlo tiene que ver con vuestra creencia. Lo que se te ha dicho es lo opuesto de lo que sientes.

»Esto que te voy a decir es para que tú dispongas de una respuesta sencilla para todas estas cosas. El amor de Dios está en el trabajo. Es personal. Es acerca de ti. Es grandioso. Hay en ello una posible cura, incluso dentro de tu propia vida. Relaciones que pueden ser resueltas. Todas esas cosas que tú conviertes en tan desafiantes y de las cuales conoces todas las reglas, están incluidas en un universo mayor, y llegarán a ser una cuestión de amor dentro del corazón humano. Sí, todos vosotros sois ángeles.

P: ¿Podría ser el proceso más grato y fácil en su conjunto, o nosotros deseamos tener esos desafíos?

R: Eso ya viene determinado por una energía en la que el poder de elección es el rey. Puede que hayáis dicho, «¿No puede ser más fácil?». Absolutamente. Libre elección; no obstante, llévalo hacia una energía más baja, en la que la ambición y la falta de integridad, la deshonestidad y el deseo de poder sean los reyes. Como siempre ha sido. Y si miras a la Tierra y su desarrollo, verás que ésa ha sido la pauta durante muchos siglos. ¿Pudo haber sido más fácil? Oh, sí, en el caso de que la libre decisión hubiera sido distinta. Incluso aquellos que están al otro lado del velo, que son Dios —y tú dirías que podíamos ver todo el panorama, o «bien, deberíais haberlo sabido»—, a lo que nosotros te decimos lo siguiente: nada se sabe sobre la libre elección de los humanos en este planeta.

»Nosotros sabemos acerca de las potencialidades, pero no sobre un ángel o una entidad en concreto, ni siquiera Kryon puede deciros qué puede ocurrir mañana. Lo que configura todo en este planeta es lo que hacen los ángeles al decidir libremente. ¿Podría haber sido distinto? Sí. ¿Podríais haber hecho una tarea mejor? Define «tarea mejor».

P: Ahora, ¿qué tipo de energía del corazón se debe proyectar, no sólo para ayudar a otros, sino para que sea mejor la vida de uno mismo?

R: Estáis asentados en la energía de un Gran Cambio. Muchos de vosotros lo estáis sintiendo; puede que por eso estéis viendo esto ahora. Puede que haya algo que ha ocurrido en vuestra vida que os haya permitido abrir vuestras mentes por un momento tan sólo, y mirar dentro, alguna cosa que antes siempre pensasteis que era insostenible, sólo reservada a algunos lunáticos marginales. Y en lugar de eso, os encontráis con un flujo de sabiduría. Quizás incluso sentís cómo fluye el amor de Dios. Lo que queremos deciros es esto: aquí se oculta mucho más, pero es necesario que lo sintáis.

»Ha habido un cambio enorme en estos años pasados, especialmente en los últimos veinte, aproximadamente. Desde el año 1987 y lo que hemos llamado la Convergencia Armónica, todo tipo de cosas han cambiado su manera de ser. Ha habido problemas de integridad que han sido resueltos; grandes países cuyos gobiernos han caído cuando nadie se lo esperaba. Ha habido paz entre antiguos enemigos y habrá más aún. Hay en ello cosas que intentarán atraparte y empujarte hacia atrás, hay un desafío de lo que vosotros llamáis los medios de comunicación, que siempre desean llevaros hacia lo peor que está ocurriendo en el planeta, en lugar de hacia lo mejor. De vosotros depende saberlo, está sucediendo mucho más de lo que conocéis, en sentido positivo, eso es amar.

»Estáis en un cambio energético y algunos de vosotros podéis sentirlo. Pues es muy importante el cambio que está en marcha para aportaros lo que los mayas predijeron, ésa es una señal que vendrá en el año 2012, que va a llevar al planeta Gaia hacia una nueva vibración. No se trata del destello de una experiencia, sino de un lento crecimiento hacia una era que ellos llamaron «la edad del sol amarillo». En los textos mayas veréis que ellos fueron quienes midieron la vibración del planeta, ni solsticios, ni equinoccios. Son escritos, en un nivel esotérico de ilustración, para la Tierra, y 2012 es el comienzo de un cambio hacia algo superior y vosotros estáis en el plazo previsto. Observad eso, queridos, buscad las cosas buenas. La respuesta es: las cosas están cambiando.

P: ¿Puede una persona deliberada y conscientemente elevar su vibración, y cómo lo hace?

R: Cada individuo que lo desee puede elevar conscientemente su vibración. Y es muy sencillo. Los seres humanos quieren compartimentarlo todo. Quieren conocer los pasos para la ascensión. Quieren saber, detalle por detalle, qué cosas deben hacer para complacer a Dios. Nunca entienden que, siendo ellos mismos parte de Dios, hay un interruptor interno listo para ponerse en marcha. Ese interruptor es pura decisión. No es una decisión pasiva, no es curiosidad, sino pura intención. Es la expresión del humano: «Querido Dios, muéstrame lo que tengo que hacer, estoy preparado». Y realmente lo cree así. El interruptor ya está lanzado. Ese interruptor, bien conocido en la espiritualidad de todo el planeta, es el único que te concede autorización para la epifanía. Para la iluminación que comenzará, que surgirá. Para las respuestas. Es lento y deberás olvidar aquello que te han enseñado, pero es verdad. Todos los humanos, no importa cuál sea su situación, no importa dónde están ni quiénes son, pueden hacerlo a través de la pura intención. De modo que la respuesta es comenzar el proceso con pura intención, después alejarse y observar los cambios y las sincronías cuando éstas se produzcan. Y entonces dejarse llevar por ellas.

P: En mi caso personal, yo siento que el interruptor ya se ha lanzado. Pero siento también regresión y frustración. ¿Cómo se maneja esto?

R: No malinterpretes la regresión y la frustración como fracasos. En ciertos casos la regresión es como unas vacaciones. Aquellos que tienen un objetivo nunca piensan en ello. Piensan que quizás cuando se les permite unas vacaciones y no tiran hacia adelante con lo que creen que va a ocurrir, ellos han fracasado. Toma, por ejemplo, lo que tú consideraste frustrante ante ciertos fracasos, en tu caso, cuando las cosas no han ocurrido cuando pensaste que lo harían. Y en ese caso en particular, nosotros decimos que la sincronía no estaba preparada aún. Por lo tanto, tú estás de vacaciones. Respeta la sincronía. Tu tiempo no es el de Dios.

Lo que tú haces aquí cambia el planeta. Lo que ocurre en esta pequeña habitación cambia el planeta.

»Tengo otro mensaje para ti. La realidad grita, pero la fe susurra. Ésa es la dualidad para ti. Y cuando tu ser esté centrado, la realidad te susurrará, y así te verás ante dos cosas que susurran y que están a un mismo nivel, y pasarás un período mucho mejor entendiendo qué es lo que falló y lo que te espera.

P: En relación con este documental yo oigo un susurro y después un grito, de manera que siento que hay sincronía…

R: Es sincrónico. Todo lo que ocurre en esta habitación es sincrónico. Tiene que suceder en algún momento, debe comenzar en algún sitio. No será lo que tú llamas el «no va más» de lo que tú haces. De hecho te llevará hacia cosas más importantes. Y puede que no todas sean como ésta. Eso es la sincronía, es la rectitud de tu camino. Serás capaz de mirar hacia atrás y decir: «Fui el primero en hacer esto, de esta manera». Y va a ser algo pleno de sentido. Lo que estás haciendo aquí cambia el planeta. Lo que ocurre en esta pequeña habitación cambia el planeta. Porque unas cuantas personas haciendo cosas buenas, con sincronía y honradez de corazón, consiguen hacer muchos cambios.

P: Guau, he sentido un escalofrío. ¿Hay aquí un séquito reunido?

R: Sí, Kryon tiene un séquito inmenso. Eso es porque el séquito no está compartimentado. Si súbitamente se viera sopa en la habitación, no podrías decir cuántas sopas hay. Ésa es la forma que tienen las cosas interdimensionales. Es como la sopa. Y si saboreas la sopa, la saboreas entera, no sólo una parte de ella. De modo que lo que decimos es que el séquito de Kryon es como eso. Es un campo de energía, pero está hecho de entidades, y tú lo llamas el séquito de Kryon. Y no es que haya venido porque Kryon esté aquí, sino porque *tú estás* aquí.

P: Me gustan algunas palabras que has elegido y que he oído en otras canalizaciones. ¿Qué es el «viento del nacimiento?».

R: El viento del nacimiento es la descripción de Kryon, la mejor que puedo hacer, para describir la impresionante experiencia desde el otro lado del velo, que se produce cuando un humano va a nacer. Es realmente el momento en el cual se abre el canal del nacimiento y el humano entra y respira. Es un punto en el tiempo en el cual os veo a vosotros y en tu caso también lo hice. A vosotros dos. Cuando estáis ahí preparados para regresar nuevamente al planeta. Y a mí eso me parece como si un viento huracanado atravesara una inmensa abertura en la que, literalmente, cientos y miles de vosotros estáis haciendo esa elección en cada momento. Es como si estuvieseis apoyados por ese viento que vosotros llamáis 3 D, y ahí nunca hay un momento de duda. Estáis preparados para echar a andar y ocultar la magnificencia de lo que sois, pretendiendo ser un humano en otra vida aún. Yo os miro a los ojos y os digo una vez más: «¿Estáis preparados?». Y vosotros decís: «No quisiera perdérmelo». Y allá vais. Ése es el viento del nacimiento. Para mí, algo que nunca haré, algo que nunca he hecho. Pero veo que los héroes llamados ángeles lo hacen. Yo estoy ahí ahora.

P: ¿Por qué tú no lo haces nunca?

R: Yo no soy esa clase de ángel. Hay energías de ángeles que tú llamarías especialistas. No estamos compartimentados hasta el grado porque todos somos uno, pero tenemos nuestras tareas y hacemos cierto tipo de cosas unos por los otros. Y en eso podrías decir algo así como que algunos van al planeta y otros los apoyan. Son muchos más los que apoyan que los que son humanos. Yo soy uno de los que apoyan.

P: He oído decir que solamente los mejores y más brillantes están ahora en la Tierra. ¿Es verdad?

R: En cierto sentido, sí. Pero los peores villanos que jamás ha habido también están de vuelta para tener otra oportunidad. Y algunos de ellos pueden sorprenderte. No, sois todos iguales. Seguís llegando, os vais, pero hay una cualidad de la que te voy a hablar. Debes saber esto, porque es muy de la 3D, y debes entenderlo. Cada vez que haces un cambio de vibración para la Tierra, digamos cada vez que superas un temor, o digamos cada vez que descubres algo sobre el ritmo, tu frasco espiritual se llena un poco más. Ese frasco espiritual es tu Akash, el que mantiene el ritmo de las energías de lo que tú resuelves. Y cuando regresas la próxima vez, todo eso está a tu disposición al mismo nivel en que lo dejaste; nunca tienes que volver a aprenderlo. Muchos nunca abrirán el armario que expondría lo que es su ser esotérico. Tenemos chamanes dando vueltas, tenemos a Budas pasados a nuestro alrededor, que nunca serán Budas y nunca chamanes. Pero ahí están. Todas sus experiencias vitales están aquí.

»La libre elección determina si abrirán el armario y cuándo lo hacen, los descubrirás dando todo lo que han aprendido. Así es como puedes tener a alguien que está completamente falto de entrenamiento en cuestiones espirituales que, súbitamente, se convierte en un maestro. Parece distinto del funcionamiento habitual, ellos han pagado sus deudas, y han estudiado, y han tenido vidas de aprendizaje, igual que las has tenido tú.

P: Si somos partes de Dios, ¿por qué tenemos que aprender cada cosa?

R: Es por la Tierra, es por lo que va a suceder en el universo que viene, tal como he dicho, de modo que no has aprendido realmente nada como ángel. Tú estás participando de una experiencia de aprendizaje para ayudar al planeta y más allá. De modo que el aprendizaje es el motor, podrías decir, del cambio de vibración del planeta. Y así será siempre.

P: Otra frase que me gusta es: «canta tu nombre en la luz». ¿Qué quiere decir?

R: Es una metáfora de lo que parece en mi lado del velo. Para vosotros todo es limitado, seriamente limitado. La diferencia de las limitaciones es para vosotros, por ejemplo, la que hay entre un humano y lo que diríais que es un microbio en un plato. Así de diferente es. En mi lado del velo, tu nombre no se dice, se canta. Se canta en todas las frecuencias juntas, en la luz, en armonías que tú no puedes imaginar, en sonoridades que no existen en el planeta, en estructuras de acordes que tú solamente puedes soñar. Y cada nombre suena de esa manera; lo cantan juntos, cosa que te puede parecer complicada, pero todos armonizan. Y así, cuando te digo que un día voy a cantar tu nombre en la luz, es mi manera de decirte que eres grande, que eres magnífico, que eres una parte de Dios.

P: Eso hace que tenga ganas de ir allí ahora.

R: De hecho, hay un límite en la psique humana para que un ser humano equilibrado nunca se quite la vida. Y tú sabes que es así en todas las religiones, alguna vez se lo llamó el mal, lo impropio. Y es lo mismo si solamente se trata de un propósito, tú llegas con ese conocimiento sobre que es impropio, quizás incluso sagradamente impropio, y nadie quiere hacerlo por el riesgo de irse al otro lado, a no ser que haya desequilibrio o salvo que un ser humano los haya convencido de hacerlo.

P: Pero también hemos oído que se dice que todas las muertes o suicidios ocurren porque la gente escoge el momento de morir. ¿No es así a cierto nivel?

R: A cierto nivel la muerte se elige. Es muy interesante lo que has expuesto, porque cuando llegáis al planeta hay una predisposición, se puede decir una senda por la que vais a transitar y contiene potencialmente el momento de vuestra muerte. Es el ser humano el que entiende, no obstante, que puede evitar esa senda e ir en otra dirección, decidiendo libremente, lo que significa que nunca hallará la muerte en ese camino. Por tanto, nosotros decimos esto: que aunque la muerte es una posibilidad que os rodea constantemente y que a cierto nivel dicha posibilidad es conocida, todavía tenéis control sobre vuestra vida en este planeta en una gran, gran medida. No hay un momento predeterminado en el que vais a morir. Escogeréis ese momento libremente, en tiempo real, en 3D.

P: Entonces todas las muertes y suicidios suceden porque se escogen…

R: Si defines suicido como muerte escogida, diría que sí. No obstante, el suicidio tiene una connotación muy desagradable. ¿Por qué en su lugar no dices que es la elección de un viaje a casa?

P: Tú has dicho que los maestros superiores están de vuelta. ¿Lo están físicamente?

R: De hecho están aquí ahora. Los que esperaban la segunda llegada de Jesús, que es el Mesías para algunos, que es el hermano de otros, y que es un judío, está aquí. Aquí está. Y cuando esperan su segunda llegada en esta energía, tienen razón. Los que esperan que los maestros superiores Elías y uno de los primeros Budas estén aquí en este momento, tienen razón. Incluso aquellos que vieron la ascensión de Mahoma al monte del templo y esperan su retorno, tienen razón. Todo eso ha ocurrido. Están todos en lo que vosotros llamaríais la red cristalina del planeta. Es interdimensional, no la vais a encontrar, no tenéis que excavar para hallarla. No vais a ver al Jesús histórico caminando por vuestra calle un día, o dando una conferencia de prensa.

»Es algo que dice que hay una energía ascendente aquí en este planeta que está ahí. Y así, todas estas cosas que fueron dadas a esas distintas religiones son de hecho así. Han ocurrido, pero no en la terminología o en la tercera dimensión, como ellos hubieran deseado. Y eso es, de hecho, una parte de por qué el planeta está en un gran cambio. Esa energía maestra está disponible si lo deseas, no es competitiva, todos pueden palparla. Y se llama el amor de Dios.

P: ¿Está realmente dentro de nosotros?

R: Si deseáis que esté. Es una elección libre.

P: Si uno quiere estar más conectado con lo que llamamos Dios, ¿cuáles son algunos de los métodos y vías para poder hacerlo?

R: Cuando comienzas el camino de conexión, hay cosas físicas que puedes hacer al principio. Puedes decidir que lo que más te ayuda es meditar. Y tendrás razón. Porque vas a sintonizar con aquellas cosas de tu cerebro donde suena la grabación, como suele decirse. Donde suena la realidad, como suele decirse. Y así, la meditación profunda puede ser la parte que tú podrías poner en marcha, para que eche a andar la conducción. Y eso es lo que recomendaríamos a aquellos que recién empiezan, tomarse un tiempo para estar en silencio. Pero durante el proceso de tu aprendizaje aparecerá la tentación de preguntar todo tipo de cosas. «¿Qué debo hacer a continuación?». «¿Por qué estoy aquí?». «¿Por qué está ocurriendo esto?». «¿Qué es lo que estoy haciendo allí, qué es lo que estoy haciendo aquí?».

»Y esto puede sonarle a cualquiera como algo razonable de preguntar, especialmente sobre el espíritu al otro lado del velo, y aún te lo diré otra vez: sólo hay una pregunta que debes hacer. Es la vía rápida, tal como suele decirse, a la espiritualidad. Es la vía rápida, como suele decirse, para que puedas saber lo que hayas venido a buscar. Hay una sola pregunta y es: «Querido Dios, ¿dime qué es lo que tengo que saber?».

»Y esa pregunta abrirá la puerta a la sincronía, de un modo como jamás habías pensado que lo haría ninguna de las preguntas que hay en tu propia lista, de las que tienes para hacerle a Dios. Por tanto, nosotros le decimos a ese ser humano que puede estar viendo esto ahora: sea lo que sea, que está delante de ti y cualesquiera que sean los retos que haya, la vía rápida que tienes que tomar para todo es el estado de meditación, con pura intención y decirle a Dios, al espíritu: «Te amo, sé que estás ahí, enséñame qué es lo que tengo que saber». Y no esperéis que la respuesta caiga sobre vosotros de una forma física; en su lugar podéis esperar una conexión con lo que os va a parecer el caos del sistema del universo. Os conectaréis de tal manera que la sincronía comenzará a aparecer en vuestras vidas, pequeñas puertas abiertas aquí y allí, para guiaros a los sitios donde se responderán las preguntas que pudierais tener, de otra manera.

P: Cuando eso ocurra, ¿tienes que mantener la conexión activa de alguna manera o se produce en el momento?

R: Acabas de hacer una pregunta importante. Cuando la energía se mueve hacia adelante, ¿las cosas van a cambiar? ¿Realmente necesitas abrir y cerrar la conexión? ¿Es cierto que hay que hacerlo como en una comunicación telefónica, abriendo y cerrando la conexión? ¿Hay que decir hola y adiós? Y la respuesta es «no». Porque esta energía proporciona y desarrolla una constante conexión al 100 por 100. Es algo de lo que puede disponer toda la humanidad. Eso no significa que irás desplazándote de un sitio al otro en situaciones desafiantes. Apenas. Significa que te desplazarás de un sitio a otro en paz. Lo que viene a querer decir que estarás en paz contigo mismo; que las respuestas vendrán cuando sean necesarias. Vas a parecer una persona común, pero una persona común sin dramatismo. Una que obtiene respuestas cuando se necesitan, y que medita menos veces tal vez, porque la puerta está siempre abierta. No vas a parecer raro o estrafalario, sino que sabrás que la puerta está abierta. Y eso lo proporcionará la nueva energía y el cambio en ti.

> *La vía rápida que tienes que tomar para todo es el estado de meditación, con pura intención y decirle a Dios, al espíritu: «Te amo, sé que estás ahí, enséñame qué es lo que tengo que saber».*

P: ¿Existe algo como la meditación móvil?

R: Absolutamente, todo el tiempo, incluso mientras se conduce. Ten cuidado, pero de hecho está ahí. Muchos han dicho que son los ángeles quienes te cuidan cuando haces esas cosas. La verdadera respuesta es que se trata de un estado del que no te das cuenta. Tú te das cuenta del estado de meditación, de sueño, de conciencia, de despertar, puede que incluso de las visiones. Esto va más allá de todo ello. Es donde todo tu cuerpo sabe todo lo que ocurre a su alrededor, completa y totalmente, incluso durante una conversación. Pero hay un tercer lenguaje que está por encima de ti, otro conducto que tú puedes imaginar, que está en la glándula pineal, que es el tercer ojo, el conducto de la ascensión que siempre está ahí dándote respuestas y preguntas y todas las cosas que necesitas para existir al mismo tiempo que estás en 3D.

P: Kryon, tú me pareces un verdadero amigo, realmente más que la mayoría de los humanos. ¿Somos conocidos?

R: Mucho. Déjame decirte algo, querido. Mi compañero está en la silla porque lo has llamado. Y él pudo haber dicho «no» a cualquier otro ser humano, salvo a ti. Tú estabas señalado para estar aquí. Por tu propia libre voluntad seguiste esta senda, hiciste la conexión en el momento preciso y yo intercedí por ti. No emitiste ningún juicio sobre este proyecto, salvo conseguir acabarlo.

P: Tanto como tanta gente puede hacerlo, o…

R: No emitas ningún juicio acerca de nada. Acábalo y deja que la sincronía siga su curso y no decidas cuál será el ritmo a tu propia manera.

P: Eso fue un problema; traté de forzar ciertas cosas.

R: Cierto.

P: Bueno, con respecto a eso, ¿qué me recomendarías especialmente a mí?

R: Mira las puertas abiertas y cerradas como cualquiera. Si el ritmo se ralentiza, déjalo estar hasta que sea el momento. Pero muévete siempre hacia adelante con ello, habla con las personas apropiadas sobre el tema. Y deja que crezca a su propio compás, de la manera que suele hacerlo. Puedes tener algunas sorpresas, como el que se sienta enfrente de ti ahora mismo. Lo ves, las cosas no son siempre como parecen. Hay un plan mayor y tú no sabes cuál es, pero encajas en él de una forma perfecta cuando te dejas y lo dejas estar.

P: ¿De modo que una palabra importante puede ser «confianza»?

R: De hecho muchos dirían «fe». Y decimos esto de nuevo. No sólo para ti. La fe y la confianza están tan vivas que la vida en 3D que vivís te grita y la fe y la confianza susurran. Cuando puedes tomar tu vida 3D y equilibrarla con la confianza y la fe, es cuando las cosas comienzan a suceder. Vas a tener que suprimir lo que piensas que es tu percepción sobre cómo funcionan las cosas. Vas a tener que suprimir lo que te han dicho acerca de Dios. Vas a tener que poner esas cosas al nivel en que puedas finalmente oír esa hermosa voz que susurra, que siempre ha estado en tu interior, y que dice: «Yo soy Dios, conseguí respuestas, abrí la conducción». Está ahí para ti.

P: A mí me suena que uno puede sustentarse en el corazón y vivir desde el corazón, ¿pero qué quiere decir eso en realidad?

R: Para cada ser humano supone algo distinto. Lo que nosotros decimos es que debe haber un equilibrio entre el intelecto y lo que tú llamarías corazón. Y eso se verá en la persona que está equilibrada, en ese humano que está equilibrado. Los conocerás porque parecerán mucho más amables. Van a parecer mucho más abiertos y sin prejuicios. Eso es el equilibrio. Puede que digas «Bien, se sustentan en el corazón». No es así; están equilibrados. Nunca deseches lo que es tu confianza, nunca deseches lo que te dice la lógica, pero modérala con el sentimiento de tu corazón y equilíbrate. Y entonces esas cosas irán unidas.

El día que comencéis a suprimir aquello que os han dicho y abráis la puerta a lo que realmente Dios es, aparecerá Dios, tendrá vuestro rostro en él.

P: Supongo que es difícil decirlo en palabras 3D, pero, ¿cómo describes o defines a Dios?

R: Es difícil. Pero mi respuesta inmediata es «tú». Mi respuesta inmediata es, mis hermanos y hermanas que he estado viendo llegar desde hace eones. A los espectadores no les gusta eso, a los observadores no les gusta tampoco, porque ellos desean poner a Dios en un pedestal y quieren decir que todo tipo de cosas buenas vienen de Dios y les han enseñado desde que nacieron que no son nada. Y eso no es así. Todos vosotros sois magníficos. Mi definición de Dios es que son aquéllos delante de los cuales estoy sentado. Vosotros queréis que Dios sea una sola cosa, porque estáis en 3D. Vosotros queréis venerarlo, porque estáis en 3D. Y os digo esto: el día que comencéis a suprimir aquello que os han dicho y abráis la puerta a lo que realmente Dios es, aparecerá Dios, tendrá vuestro rostro en él.

P: Es deslumbrantemente hermoso. De modo que supongo que sería cierto que no hay un poder superior a nosotros en el universo.

R: Y eso, mi querido amigo, es lo que los humanos nunca aceptarán, pero es así, tal como lo has dicho.

P: ¿Nunca lo aceptaremos? ¿Entonces por qué estamos aquí?

R: Nunca lo aceptaréis porque es demasiado importante. No disminuye dentro del ámbito de la dualidad. Por tanto, nunca será aceptado como un fenómeno global que vosotros sois el más importante poder que existe. La mayor parte de la humanidad siempre selecciona algo que cree que es superior. Menos del 0,5 por 100 de este planeta va a creer que ellos son Dios. Ésa es la dificultad de la dualidad hasta que el planeta mismo haya ascendido. Cuenta con ello, no lo juzgues, no es algo negativo. Ni siquiera es un reto. Sólo es la manera en que son las cosas. No lo veas de una forma negativa.

P: ¿Qué ocurre si yo sé que soy un maestro, pero no me parece que tenga que exhibirlo en un plano terrenal?

R: Dos son los tipos de humanos que saben que son maestros. Los que lo saben y tienen como objetivo hacerlo evidente de todas las formas posibles, quizás con aciertos y errores. Y el otro tipo de humanos que saben absolutamente que son maestros y escogen no serlo, por libre elección. Básicamente ésos son los dos tipos. Hay libre elección, pero los que conocen absolutamente que son maestros no pueden desconocerlo; por tanto, diré, «Bendito es el humano que sabe quién es y avanza». Los que eligen retroceder pueden hacerlo por su libre elección, pero de hecho estarán desequilibrados y serán negativos. Son los que urdirán el drama, hallarán cosas dramáticas para ocupar sus vidas, para no tener que pensar en el hecho de que son chamanes. Puede que quieras una respuesta más larga y compleja, pero es así.

P: Kryon, ¿eres optimista acerca del destino de la Tierra y de los humanos?

R: Lo que yo veo, lo que enseño y lo que sé son las posibilidades que hay en este planeta. Lo que tiene más probabilidades de ocurrir es lo que esté basado en la energía, que resplandece ahora mismo. Míralo de esta forma. Cuando pasas al otro lado del velo y ves a esa colosal parte de la humanidad compuesta por un billón, un trillón de personas, todas ellas tomando decisiones, y de entre ellas, las que más resplandecen son las que tienen el mayor potencial de ocurrir. Y en eso consiste la «sopa» de lo que tú llamarías predicciones.

»Yo no hago predicciones, yo hablo sobre posibilidades, y cuando salgo ahí fuera, las posibilidades que en este momento hay en el planeta, están en el propio proceso de su curación, que será muy lento y se llevará a cabo a lo largo de un extendido período de tiempo, pero que lo llevará hasta un sitio al que nadie imaginó nunca que llegaría, donde no va a haber más guerra. Sí, yo me siento animado. Ésa es la razón por la que estoy aquí; os digo a todos vosotros, a todo aquel que quiera oír, que hay esperanza aquí, más de la que pensáis. Ése es el potencial del planeta.

P: ¿Puedo lanzar unas pocas palabras para que tú las comentes, como por ejemplo, trabajador de la luz?

R: Un trabajador de la luz es el ser humano que escoge asumir una alta vibración y enviar luz al planeta.

P: Alegría.

R: La alegría es un sentimiento interior intuitivo de un niño que es para todo ser humano individual una recompensa por su trabajo. Está en su ADN, es la esencia de Dios, y son muchos los humanos que la reprimen.

P: Amor.

R: El amor es todo.

P: Odio.

R: El odio es todo.

P: ¿Puedes hablar más de este concepto?

R: El amor y el odio son dos polos de la dualidad, que existen en igual medida cuando nacéis; podéis escoger el que queráis de entre los dos. El cociente del amor es activo, el del odio es pasivo. Es como decir que tenéis una habitación oscura, pero cuando introducís luz en ella, la habitación ya no sigue estando completamente oscura. Pero si tienes una habitación iluminada y penetra en ella un poco de oscuridad, no pasaría nada. De manera que lo que estoy diciendo es que ambas lo son todo para la humanidad. Es aquello que hacéis, lo que marca la diferencia. Ahora, la esencia es el amor, universalmente, literalmente, como estructura atómica. El odio es algo que la humanidad crea por su propio ser. De modo que cuando hablamos de amor y odio en todo, mi contexto es la dualidad a la que os enfrentáis.

P: ¿Hay algunos extraterrestres que tratan de ayudarnos?

R: Hay muchos que ya os han ayudado, y hallaréis a esos que vosotros llamaríais las Siete Hermanas, que son los pleyadianos, porque ellos son los que han ayudado a modificar vuestro ADN, originalmente. Es una larga historia, que necesita ser explicada cuidadosamente y a aquellos que tengan oídos más receptivos que los que están escuchando ahora.

P: Sexo.

R: Una de las más profundas, apropiadas y hermosas características de los seres humanos. Dos seres humanos iluminados que, decididamente, tienen la conducción abierta al espíritu, cuando se involucran en esa práctica realmente pueden cambiar la vibración del propio planeta. Ha sido creado para expresar amor. Ha sido el método de procreación. Pero ese acto con el corazón implicado sigue, literalmente, sin haber sido explorado hasta hoy. Es divino.

P: ¿Cuál sería la dieta humana óptima?

R: La dieta humana óptima es aquella que el ser humano escoja por sí mismo. No te equivoques, no hay tal cosa como un ser humano genérico. Vosotros procedéis de diferentes sistemas, diferentes vidas, diferentes culturas y llegáis a ésta. Algunos de vosotros deseáis comer cierta clase de cosa, otros queréis otra. Debéis hacer aquello con lo que vuestro cuerpo se sienta mejor, lo que da como resultado mayor energía y lo más apropiado para cada cual. Pero estate alerta, porque hay muchos comestibles que van a interrumpir vuestro ciclo de vida, y otros que van a llevaros realmente por la senda de una vida larga y fuerte, y vuestro cuerpo sabe cuáles son. En el pasado usasteis lo que llamarías prueba de los músculos, lo que denominasteis kinesiología. Ésas son maneras en las que el cuerpo puede indicar realmente lo que le genera alergias, lo que desea, lo que no desea, las dietas adecuadas. Si le prestáis atención y utilizáis algunas de esas pruebas, vuestros cuerpos podrán realmente comunicarse con vosotros de manera que os permita comer apropiadamente y generar vuestra propia energía.

P: ¿Existe el pecado, y puedes analizar el concepto de pecado?

R: Analizar lo que vosotros llamaríais el concepto de pecado es algo que se ha hecho muchas veces, y ya sabes que lo que voy a decir contradice con casi todo lo que os han enseñado: no hay tal cosa. El pecado ha sido creado por los seres humanos esperando asignarlo a algo. Por lo tanto, con frecuencia, es una forma de control. Entonces, a menudo hay castigo. Para que tengáis algún gurú que os diga qué es apropiado e inapropiado para Dios y, por lo tanto, controlar lo que podéis hacer en la vida. El pecado, pues, no es nada que exista al otro lado del velo. Y lo que podéis decir a esto es: «Es obligatorio que haya un comportamiento inapropiado». Y yo os diré que es exactamente algo que hay en el esquema de equilibrio que habéis creado como vuestra cultura.

»Pero espiritualmente sigue una pauta en la que aquellos que lo han cometido, lo han hecho por libre elección, como parte del examen del planeta. Y cuando alcanzan el otro lado del velo, no hay juicio. Por tanto, el pecado en la naturaleza auténtica de su definición no existe como tal. No hay pecados, es decir, cosas que tú haces y que deben ser castigadas. Deja que el comportamiento inapropiado y apropiado se asiente en el nivel de energía del planeta y sea entonces medido con la honradez y el amor que tú digas que es tu realidad.

P: ¿Puedes despedirte dejándonos algunas palabras inspiradoras?

R: Yo siempre tengo palabras inspiradoras. Mi compañero ha sido acusado de ser el «canal de Pollyanna».[14] Es una crítica que pretende señalar, «Todo lo que ves es el lado positivo en todas las cosas. Dices: no hay infierno, no hay pecado. Parece como si estuvieran planteando que no hay verdades empíricas. Parecería como si no tuvieras sentido de lo correcto o erróneo». Todas esas cosas, te diré, que están en el ámbito de la percepción del ser humano al que los demás le han dicho qué es y qué no es correcto o erróneo. Si levantáis el velo y comenzáis a ver todo lo que hay aquí, lo que veréis es puro amor.

»Y lo que vais a ver dentro de eso es un espíritu inspirado en potencia. No sólo para ti, sino para aquellos que están a tu alrededor. Tu vida cambiará drásticamente en el punto en que decidas eliminar el drama, engánchate a aquello que hemos llamado la conexión con el otro lado del velo, y quiero que sepas esto, querido ser humano: no importa de qué religión seas en el planeta. Puedes seguir siéndolo y amar a Dios de esta manera. No importa cuál es la doctrina en el planeta, puedes seguirla y amar a Dios de esta manera.

> *Lo fundamental... es que siempre has estado y siempre tendrás control sobre tu vida como una parte de Dios en este universo. Y así es.*

No es trepar de una caja hacia otra. Es descubrir lo fundamental. Y eso es que siempre has estado y tendrás control sobre tu vida como una parte de Dios en este universo. Y así es.

---

14. Título y personaje de una novela de Eleanor H. Porter. Dicho personaje es una niña muy optimista. En lengua inglesa el nombre «Pollyanna» se usa para describir a alguien exageradamente optimista. *(N. de la T.)*

*   *   *

Cuando Lee volvió a estar con nosotros y se frotó los ojos, yo me sentía mareado, casi con vértigo, como si yo mismo estuviera saliendo de un trance. Apenas si podía hablar, de modo que me disculpé y fui al aseo para tratar de recomponerme.

Algo me había ocurrido en esa habitación, en el pequeño apartamento de una sola habitación de Matt, en el corazón de Hollywood. ¿Una conexión curativa, profunda? Todavía no estoy seguro de cómo llamarla. Y también estaba dándole vueltas a la revelación de Kryon de que yo había sido encaminado a hacer el documental y que él le habría dicho «no» a cualquier otra persona en el planeta Tierra.

No me sentía orgulloso, viniendo desde el lugar del ego, sino más bien colmado por una enorme combinación de gratitud, asombro y, sí, amor.

Después de mi despedida y mi agradecimiento a Lee, Matt lo llevó a la estación de tren.

*   *   *

Mientras conducía hacia casa, mi cuerpo zumbaba. Todavía me sentía tenso, reproduciendo una vez y otra lo que acababa de ocurrir. Al llegar, pese a que era temprano, la hora del atardecer, me eché en la cama e intenté hacer una breve siesta. Pero el sueño no quiso acudir. Dos horas más tarde, aún no me había relajado, mi cerebro continuaba girando como un hula-hoop.

Me levanté y me puse a hacer otras cosas hasta que, finalmente, en las imprecisas horas de la madrugada volví a «chocar» contra el colchón. Pensaba si Kryon me estaría «mirando» en ese preciso momento. ¿Estarían los otros, todos los que parecían viejos amigos –Tobias, los pleyadianos, Torah, el jefe Joseph y Bashar– todos conectados a mí por esa cuerda de unidad invisible? Justo ahora, justo en ese momento, en mi pequeño apartamento de Los Ángeles.

No puedo decir que sintiese su presencia ni que escuchase voces audibles o algo por el estilo. Pero cuando formulé la pregunta –están aquí alrededor– mi corazón me susurró… «Por supuesto».

Siete

Vete en paz

Ahora ya han pasado dos años desde que dirigí la última entrevista con Kryon. La película no fue recibida como un estreno teatral, pero acabó siendo vista por personas de más de treinta países a través de las ventas de DVD. La reacción al film fue arrolladoramente positiva, y fueron muchos los que enviaron correos electrónicos para agradecernos por ofrecerles algo de tan profundo alcance. Fue verdaderamente un placer para mí y siempre respondí.

Todavía estoy intensamente sorprendido de cómo las seis entidades de fuera, pese a ser de diferentes reinos y dimensiones, parecían hablar con una sola voz, cada una marcando los mismos puntos desde ángulos levemente distintos. A veces puedo sentir las energías de todos y cada uno de ellos, y entonces me voy hacia un tranquilo sitio interior para solicitar su guía.

Realizar la película fue una experiencia bendita que me ha ayudado en miles de formas. No obstante, mi vida no se trasformó mágicamente. Es verdad que conseguí salir de mi autoimpuesto lecho de clavos…, pero en el nuevo colchón, aunque ciertamente más cómodo, a veces todavía se aprecian bultos. No puedo asegurar un constante estado de alegría aún, de modo que obviamente todavía estoy ejercitándome en varias «cuestiones y creencias fundamentales», tal como lo dijo Bashar. Pero estoy muy contento la mayor parte del tiempo y, al menos, he alcanzado una apariencia de equilibrio y armonía, aunque ciertamente no puedo decir que todos mis sueños se hayan hecho realidad, que todos mis anhelos hayan sido satisfechos, ni que todas mis preguntas hayan sido respondidas.

Gran parte de la negatividad y los conflictos de mi vida se han modificado o se han curado gracias a la guía que he recibido a través del material canalizado. Y me siento *muy* fortalecido por haber logrado trasmitir esos mensajes a un montón de gente, a la que me dirigí con una segunda película, titulada «supercreativamente», *Tuning in 2,* con siete canalizadores distintos y nuevos temas. Este trabajo lo siento, de verdad, como una «llamada».

Y aún hay una cosa que es preciso oír sobre toda la sabiduría que mana del espíritu e incluso otra más, para vivir una vida realmente iluminada en cada momento, para ser *poseedor* de la propia divinidad. Después de todo, ése es el verdadero objetivo, nada menos que darse cuenta por fin y plenamente, como dijo Tobias, de que «Tú también eres Dios».

Sé que muchos de vosotros habéis leído una gran cantidad de libros espirituales, acudido a seminarios, visto películas inspiradoras, rezado a los dioses, meditado, comulgado con cristales, pagado diezmos, visualizado, predicado, conjurado, aullado a los cielos, y puede que incluso sacrificado uno o dos cabritos. Puede que hayáis incrementado vuestro desarrollo, hecho uno o dos avances. Y aun así... ¿dónde está la verdadera gloria?

Se supone que es suficiente con las pequeñas cosas –tomar un cucurucho de helado, abrazar a un hijo, contemplar una puesta de sol– y realmente, a menudo alcanzan. Pero además está el casi continuo murmullo del cuarto trasero de mi mente –y puede que vosotros os sintáis reflejados– diciéndome que soy estupendo y que he venido a este planeta a dejar unas huellas majestuosas. Puede que vosotros hayáis oído murmullos parecidos y que jamás hayáis creído o actuado de acuerdo con ellos. Puede que mucho tiempo atrás hayáis sellado ese cuarto, sencillamente porque es demasiado doloroso oír que tenéis ese concepto de grandeza sin poder mostrarla. Frente a las brutalidades del mundo y ante vuestro propio sentido de insignificancia, la resistencia cede y el corazón se rinde. Sintiéndoos minados y aporreados, la esterilidad os crece por encima como el musgo. Puede que incluso estéis silenciosamente resignados a una vida de desesperación. Eso se llama la «Divina Insatisfacción» y para muchos de nosotros es un paso clave en nuestro crecimiento. No necesariamente *debe* ser de esa manera, pero a menudo es la senda que escogemos, a cierto nivel, para despertarnos.

Tu Grandeza aún está ahí, aprisionada, encadenada en ese cuarto. Sólo que estás tan fracturado y quebrado como te percibes a ti mismo. Algunos podrían sugerir que la idea de que somos seres estupendos, incluso Divinos (!) es simplemente el taimado ego. No es así. Sabemos de manera innata que somos Grandes. La eternidad danza en nuestras venas. Pero el mundo —o más bien, la consciencia de masas— tritura ese pensamiento resplandeciente hasta que no es más que basura inútil que se desvanece en una brisa que da escalofríos. Facturas, obligaciones, «debos» y trabajos cutres, malos matrimonios y nuevos programas de la tele por cable, la línea en el DMV y todo el resto, con frecuencia, es lo que nos reduce y en lugar de poderosas secuoyas nos convertimos en inútiles astillitas de madera. «El mundo» te quebrará los huesos de la espalda y te robará la nariz, ante tus propios ojos, si lo dejas.

Incluso ahora, cuando las entidades hablan del tan cacareado Gran Cambio en el que hemos entrado, del período de transición hacia una nueva, más equitativa y pacífica sociedad, puede ser difícil no dudar de ello. Por momentos se puede sentir como si todavía estuviésemos enraizados como los árboles al mismo antiguo, fatigado sitio. La sangre de los soldados sigue filtrándose a través del campo de batalla, los niños continúan estando hambrientos, Gaia sigue siendo violada.

En ocasiones parece haber escasa esperanza para la humanidad, y que nosotros, los humanos, somos básicamente simios afeitados. En nuestra estrechez de miras, ignorancia y avaricia, nos tambaleamos torpemente, y rara vez vemos el resplandor de la belleza que nos rodea, y ciertamente ella no está en nuestros propios ojos cuando nos miramos en el espejo.

La religión nos dice que hemos nacido en pecado, que apenas somos algo más que la suela de goma del zapato de Dios. Los padres nos enseñan que el mundo es un sitio peligroso e incluso malvado, y muchos de nosotros asumimos esa perspectiva de temor básico al mundo en la época en que nos quitan los pañales. Los espectáculos populares nos muestran que por las calles realmente corre la sangre. La única forma de avanzar es a través de la competencia brutal, en la que los vencedores duermen entre sábanas de oro, mientras la mayor parte del mundo tiembla de frío.

La vida en la Tierra es nada menos que demencial, de muchas diversas maneras. Somos reyes perplejos y reinas de ojos fantasmagóricos; príncipes vagando en una difusa neblina y princesas con las coronas abolladas. El «Sueño Americano» aúlla. Y sin embargo...

Hay un vago aroma de adorables lilas flotando justamente desde más allá, donde está esa colina cercana, llamándonos suavemente con la promesa de algo grande. Puede que haya unas cuantas pruebas y competiciones e iniciaciones que nos separen de lo que está más allá de la colina, pero el anzuelo es tan seductor que nos vamos moviendo lentamente hacia adelante. Lo que hay exactamente por delante nadie puede decirlo con certeza. Pero *estamos* en las etapas nacientes de ese Gran Cambio. Vamos picoteando lentamente y saliendo del cascarón de la ignorancia. Las crisálidas han roto el capullo y se atisba una tímida luz. El aroma de las lilas alcanza nuestros orificios nasales y lo aspiramos, es un bálsamo. Damos otro paso y otro hacia ese algo, eso que está fuera de la vista. Rezamos para que no sea otro callejón sin salida ni un cruel espejismo más.

Esta vez no es así.

Nuestra familia, llamada «humanidad», ha iniciado su despertar de una larga, salvaje pesadilla. Todos somos portadores de las semillas del cambio, como hemos sido en otros tiempos, en otras encarnaciones en la Tierra. Pero entonces acabamos como los espantapájaros, con la cara hundida en el barro y aquellas semillas se volaron. Ahora nuestras semillas han hallado comprador, en el suelo rico en nutrientes de la nueva Tierra que hemos creado con el espíritu humano a veces frágil pero absolutamente renovado.

Y la Nueva Energía de quienes nos ayudan, como las entidades canalizadas, nos asisten cuando regamos las semillas, que van formando raíces y que germinarán en un dulce verdor. Que la planta crezca hermosa y fragante depende exclusivamente de nosotros. El período de transición será tan suave o tan rudo como escojamos que sea. Hay una importante masa de energía en formación, pero es nuestra responsabilidad trabajar con la rueda del alfarero y moldear las cosas a nuestro gusto. Necesitamos permitir que lo que imaginamos se eleve hasta nuevas alturas, y realmente se conviertan en la «nación de magi»[15] que pretendemos. Hemos comprado la mentira que nos han impuesto acerca de nuestra insignificancia y nos hemos vendido por muy poco. Necesitamos que en nuestros corazones haya un poco más de poesía y un poco menos de vendedores. Nos hemos volcado en estas burbujas de biología y escogimos estar aquí en este momento crucial en el planeta. Hemos empezado a tener más Luz divina y, a pesar de las apariencias externas, estamos rehaciendo el mundo. Estamos preñados por nuestros seres superiores. Puede que el nacimiento no sea completamente agradable..., pero el niño está llegando. Hemos empezado a soñar un nuevo sueño y pronto el mundo ganará en magia, como cuando Dorothy fue llevada a Oz por aquel tornado, y el technicolor nos sacudió. Hemos arado una y otra vez... pero ésta lo estamos haciendo por encima del arco iris.

Tenemos que ser nuestros propios héroes, porque no hay un salvador galopando para salvar el día. Perdón, multitud arrobada. Y los apóstoles de la ruina tampoco conseguirán su Armagedón...,

---

15. Referencia a una serie televisiva de dibujos animados. *(N. de la T.)*

por lo menos en la versión de la Tierra que yo he escogido co-crear. Puede que la próxima vez, mártires. Jesús no va a partir las nubes y deslizarse hacia abajo para hacer que todo sea maravilloso. Las naves espaciales de los alienígenas no destellarán mientras te llevan arriba y abajo hacia un planeta mejor. Y en el 2012 no aca-bará el mundo. O, si vamos al caso, no se trasformará mágica-mente en un edén. Ésas son las malas noticias, supongo, por lo menos para algunos, ya que todos esos escenarios son en cierto sentido fáciles, y no requieren un trabajo interior.

La buena noticia es que el pequeño brote verde de la nueva vida está floreciendo en todos nuestros corazones, como un loto, durante este Gran Despertar. El mundo, a veces, parece estar en-gullido por el tumulto y la confusión…, por eso es tan importan-te comenzar a escuchar los murmullos del espíritu. En cualquier caso, ¿qué es lo que sabe ese mundo chillón y metepatas? Es sólo un viejo y anclado paradigma que hemos vivido una y otra vez. Y —mirad a vuestro alrededor— se está derrumbando.

De modo que ahora tenemos que hacer la necesaria limpieza de la casa. Sacudimos la alfombra y el aire se vuelve espeso por el polvo, tan denso quizás, que a veces si vemos apenas. Resoplamos y damos vueltas por ahí. Pero no hay que preocuparse…, todo se va a asentar.

Vas a tener que encarar tu oscuridad interior, las heridas pro-fundas, antes o después. Ésa es aquí la verdadera labor. El más importante «trabajo de luz» no es ayudar a otros, sino el enfren-tarte con los aspectos a los que quizás no quieras mirar y *curarte a ti mismo*. Todo lo demás es secundario. *Vas a* ayudar a otros en el proceso, pero eso sólo es una consecuencia. Ocúpate de curar tus propias perniciosas heridas, y el resto se pondrá en su sitio. Hablo por experiencia.

Mi propia vida puede ser considerada algo así como un «fraca-so», por un eventual observador. Mi carrera profesional es depri-mente. No tengo una familia propia. Ni un «colchón» de dinero para la vejez. Me he estado sintiendo desgraciado durante aproximadamente veinte años seguidos. Dos décadas explorando las callejuelas de mi alma, pese a que no siempre estaba tan claro *qué* estaba haciendo realmente. Mis colegas cruzaban ante mí conduciendo Ferraris, mientras yo mataba el tiempo por la vía lenta montado en un viejo escarabajo Volkswagen con las llantas lisas. No conseguía encajar en el orden establecido de las cosas y llegué a la conclusión de que algo estaba terriblemente mal en mí. No era así. Durante todos aquellos años, yo estaba en medio de una cura profunda Pude «despegar» de la cruz, por utilizar una metáfora de la religión de mi juventud, y resucité. Últimamente he seguido el consejo de Tobias y me convertí en un ser libre, y lo superé todo. O la mayor parte, en cualquier caso.

A veces, todavía estoy desconcertado sobre qué y *por qué* exactamente he creado ciertos eventos en mi vida, pero si me pongo a seguir las «miguitas de pan» de lo que creo, habitualmente consigo llegar a una respuesta satisfactoria. Y ciertamente ahora creo al jefe Joseph cuando dijo que lo creamos todo para nosotros mismos, «cada pizca», desde el nacimiento hasta la muerte. Siempre es algo que cae (o mejor dicho, «se eleva») de nuestra propia vibración, nuestra frecuencia. Si deseas una mansión y no aparece, no culpes amargamente al mundo cruel. En lugar de eso, examina tus creencias fundamentales hasta que tu vibración se iguale con el deseo. Cambias tu vida al cambiar la forma en que sientes y piensas. Así, simplemente así, es cómo funciona. Simple, pero no siempre fácil.

Admito que mi carencia de disponer de montones de dinero todavía me complica e incluso me irrita. El dinero es diversión. Me gusta el dinero. Pero evidentemente todavía estoy trabajando sobre los obstáculos en mi propia consciencia de la abundancia, como sé que muchos de vosotros estáis haciendo. Entre tanto, ¿podemos de verdad pertenecer a la realeza sin el castillo y el foso, sin tener el repleto el cofre de las joyas? Por supuesto que podemos. Porque la verdadera corona está en el corazón, no en la cabeza. Además, finalmente suscribo la perspectiva de Tobias: realmente no importa. Sería divertido jugar con grandes pilas de dinero, pero no es necesario el lucro para divertirse. Nuestros deseos más profundos no son materiales (casas, coches, efectivo) o basados en el poder (control sobre los demás, ganar a toda costa). Están mucho más conectados con la alegría de ser y con la auténtica creatividad. Porque entonces estamos en contacto con nuestra propia divinidad, y eso tiene muy poco que ver con tener nuestros cofres bien repletos.

De modo que el Gran Cambio no es tratar de conseguir una casa más grande y un coche más sofisticado; en cierta forma, ni siquiera es estar *por encima* de esa obsesiva ostentación de genuflexión cultural hacia las cosas materiales. Se trata de la expansión de la consciencia… de hecho, como subrayan los pleyadianos y otros, llevarla más allá de cualquier sitio donde jamás haya estado.

Siéntete orgulloso de eso, portador de semillas. Aparte de billones de planetas, el nuestro es el *único* establecido puramente sobre la libre elección, dicen las entidades. «El examen», como lo llama Kryon. El examen de lo que queremos hacer con ello. La sensación no es precisamente de que nosotros, colectivamente, estemos aprobando el examen ahora… pero podemos hacerlo.

Fue muy duro para mí atravesar la oscuridad en las afueras de la ciudad, durante todos aquellos años, y ahora me doy cuenta de que en cierto modo, fue lo que elegí, queriendo estar totalmente hundido en ciertos calabozos y llevándome a mí mismo a esos lugares malditos. Quería conocer esa densa experiencia terrestre en profundidad por dentro y por fuera. Tuve que «tragar» ciertas cosas y soporté más decepciones de las que quiero registrar, abandoné muchos de mis sueños, como muertos junto a la autopista, como animales atropellados. A menudo, este planeta es similar a un «taco», y hasta estar en él es una lucha.

Afortunadamente, nunca me hundí en la ruta de Sam. Con montones de ayuda y de guía, me esforcé en las situaciones peliagudas. Incluso siendo un ser independiente, no tienes por qué atravesar por ello a solas, hemos recibido un empujón cósmico decisivo. Eso siempre es una ayuda, basta con pedirla.

El resultado para mí fue una especie de bruñida sabiduría y quizás una cierta credibilidad para difundir los mensajes de estos canalizadores. Para ayudar a otros a atravesar esa oscura jungla de malezas, que ya estamos desbrozando. Todavía tengo que dar muchos pasos para emprender mi propio camino de automaestría, y de hecho no hay realmente un final, ni una meta última para nada de esto. La definición que hizo el jefe Joseph del éxito ahora tiene mucho más sentido para mí. «La verdadera medida del éxito es la cantidad de alegría que sientes», dijo. He llegado a saber que eso es la vida misma, en cada momento, y la verdadera respuesta, por más trivial que pueda sonar, es el amor. Y que ha habido cierta belleza en la simetría irregular de mi camino. O puede que incluso haya sido también místico. Mi viaje realmente fue examinar esas creencias fundamentales y elevar la frecuencia.

Incluso siendo un ser independiente, no tienes por qué atravesar por ello a solas, hemos recibido un empujón cósmico decisivo.

También Matt cambió por la canalización y su participación en el proyecto. «Con alguna retrospectiva, es muy obvio que yo daba por "supuesto" que me involucraría en la película –dijo–. Todo encajó muy bien, desde ese primer encuentro tomando una hamburguesa con David hasta el conjunto de las entrevistas, el viaje, la edición. Todo fue muy cómodo y todo se unió de forma muy natural; fue de lejos el proyecto más asombroso en el que he trabajado.

»Pero más allá de eso, la experiencia me enseñó o, al menos, comenzó a enseñarme, qué es lo que realmente importa en la vida. Después del rodaje, empecé a librarme de todos los follones de mi vida, tanto físicos como en relación a la sabiduría en las relaciones personales. Incluso empecé a cuestionar mis ambiciones hollywoodenses. Aunque realmente quería hacer ese tipo de películas insulsas, que generalmente produce la corriente mayoritaria de Hollywood, mis ganas de jugar a lo que juegan ellos disminuyeron, y empecé a interesarme más por mi evolución como ser humano, libre e independiente, mientras estoy en el planeta.

»No puedo decir realmente cuál canalizador o entidad me afectó más, porque todos parecían como un mosaico perfecto, un puzle de piezas caladas donde todas tenían que encajar en su lugar, exactamente como yo mismo. Pero voy a decir que esa idea de "Tú también eres Dios", expuesta por Tobias –y realmente por todos los demás también– arraigaron en mí a un nivel profundo. No puedo decir que realmente mi ser esté envuelto precisamente por esa idea aún, pero puedo sentir que, en algún sitio interno, es verdad. Supongo que todavía estoy averiguando cómo vivirlo en el día a día».

Igual que yo. Es una idea profunda…, ahora me doy cuenta de que muchos de vosotros leéis este tipo de libro para aprender cómo hacer que se manifiesten las abultadas cuentas bancarias, las casas más grandes, y los flamantes viajes, y no necesariamente por las importantes declaraciones. Manifestaciones inmediatas. Tú eres el creador. De modo que pide lo que sea que quieras y juega, juega, juega. A mí también me gustan las cosas materiales. No me importa vivir como un ermitaño cavernícola (pese a que *estoy* bastante seguro de haberlo hecho en otra vida o en dos). Pero aquí ciertamente hay algo más –y con nosotros– que la mera mísera manifestación de las cosas materiales. De verdad que se trata del conocimiento, la consciencia y la Luz. En definitiva, se tarta del amor: por el propio ser, por el otro, por el planeta en sí.

Incluso un científico empollón llamado «Einstein» ha reconocido esto: «Un ser humano es parte del todo que llamamos "universo", una parte limitada en tiempo y espacio –dijo–. Él experimenta su ser, sus pensamientos y sentimientos como algo aparte del resto, una especie de ilusión óptica de su consciencia.

»Esta ilusión es una especie de prisión para nosotros, nos restringe a nuestros deseos personales y al afecto por unas pocas personas cercanas a nosotros, únicamente. Nuestra tarea debe ser liberarnos de esa prisión, ampliando nuestro círculo de compasión y abrazar a todas las criaturas vivas y a toda la naturaleza en su hermosura».

En otras palabras, enamorarse del mundo, del otro y especialmente de nosotros mismos.

Debemos alejarnos de la limitación y convertirnos en una nación soberana de la luz del ser, con un único principio en nuestra Constitución: el amor. Dejemos que la bondad sea nuestra nueva moneda, y que nuestras nuevas ropas estén confeccionadas con gracia.

Ciertamente, toparemos con unos cuantos baches en la Ruta de Transición, puede que con alguna curva cerrada o dos, pero tú eres el único que *escoge* venir a la Tierra en este momento y participar de este cambio monumental. No temas tomar el volante, incluso si no sabes exactamente hacia dónde se dirige el coche, incluso si el cielo está enturbiado por el polvo o aparentemente no hay en él estrellas. La noche tiene el pecho abierto y esos dos carriles nos llevarán a cualquier parte. Simplemente mantén la fe en que estás encarando la dirección correcta y deja que los faros, aunque por momentos parezca que su luz es muy débil, iluminen la que es, a veces, una estrecha y gélida ruta.

Todo ello, en cierto sentido, es sólo un juego, un Gran Juego, en cualquier caso.

Un juego, que una vez empiezas a jugar valientemente, parece tan real la mayor parte del tiempo, que olvidas que se supone que debe ser divertido. Incluso sin la propiedad frente al mar y el nuevo convertible, se supone que debe ser divertido. Como apunta Kryon, todos nos colocamos máscaras para la fiesta de disfraces.

Las entidades dicen que aún no hemos explorado totalmente nuestros papeles, no nos pusimos los sombreros blancos y negros, no hemos sido pecadores y santos. El próximo paso es integrarlo todo y crear algo de estilo nuevo, a través de una alquimia espiritual, algo que abarque la polaridad –oscuridad y luz– pero que vaya más allá.

Con frecuencia nos hemos metido en calabozos y hemos maltratado a los demás. Bien, peor realmente: hemos matado a los demás. Ahora el juego de «puede que sea correcto», «la codicia es buena», y el «perro come perro» se ha estropeado. El Despertar en el que hemos entrado es darse cuenta de que ya no tenemos que actuar más a la antigua manera; no tenemos que seguir simulando que estamos separados. No necesitamos simular por más tiempo que somos pobres víctimas golpeadas por los Hados o, peor, hemos de encararlo, por un Dios bastante desagradable y neurótico.

Por debajo de las decepciones y las traiciones y el siniestro tejido, grueso como una tortita, por debajo de todo eso, ¿tú sabes quiénes somos *realmente?* Nada menos que divinidad en forma de carne. Ángeles terrenales. Sí, incluso definitivamente: «También Dios». A eso es a lo que estamos despertando. De modo que frótate los ojos para quitarte el sueño y no vuelvas a darle más al interruptor de la siesta. Levántate y, bien, brilla. Literalmente. Estás *preparado,* o no estarías leyendo estas palabras.

Ninguna de las entidades canalizadas son más poderosas de lo que nosotros lo somos. Seamos claros: *nosotros* estamos haciendo que sea posible tener el cielo en la Tierra, aunque dado que nuestro estado aún es embrionario, quizás ahora mismo, no parezca el nirvana. Nuestros amigos no físicos han respondido a nuestra llamada para recordarnos quiénes somos realmente, sí, pero *nosotros* somos la mezcla de carne y espíritu, que nos convertiremos en faros de luz. Nosotros somos los que nos estamos dando cuenta de que todas nuestras autoimpuestas prisiones, solamente tienen sombras en lugar de barrotes.

El Nuevo Juego ha comenzado y esta vez jugamos mejor. El futuro es una página en blanco y no será por mucho tiempo más que seguiremos mojando nuestras plumas en tinteros llenos de sangre. Esta vez, esta gloriosa vez, en este glorioso regalo de planeta, escribiremos con luz.

Índice